Mareike Grün

Servietten falten

CV

Inhalt

Serviettendeko

Kunstvoll gefaltete Servietten verleihen einem schön gedeckten Tisch einen gewissen Glanz. Wenn ich Gäste erwarte, gehören sie einfach dazu. Farbenfrohe Papierservietten unterstützen das Motto jeder Party, Stoffservietten verbreiten sofort eine festliche Atmosphäre.

Edel und klassisch, rustikal im Landhausstil, romantisch verspielt oder fröhlich bunt: Liebevoll gefaltete Servietten sind für mich persönlich das Schönste einer Tischdekoration. Und viel mehr braucht es auch gar nicht zur Ausschmückung eines Tisches, damit ausreichend Platz für Tortenplatten oder Salatschüsseln bleibt. Dies ist gerade bei kleineren Feiern zu Hause im Freundes- und Familienkreis sehr praktisch.

Und keine Sorge: Die Faltmodelle sind gar nicht so kompliziert, wie sie aussehen! Sie können anhand der Schritt-für-Schritt-Anleitungen leicht nachgefaltet werden und lassen sich auch für größere Feste gut vorbereiten.

Ich wünsche Ihnen viel Freude beim Falten und Feiern!

Feste feiern

Ein großes Fest mit zahlreichen Gästen steht bevor? Da gibt es viel zu bedenken und zu organisieren. Aber nur keine Panik: Eine gute Vorbereitung ist schon die halbe Miete. Mit frühzeitiger und cleverer Planung kann Hektik und Aufregung auf ein Minimum reduziert werden – und die Gastgeber können den Tag X dann ganz entspannt genießen.

„Man muss die Feste feiern, wie sie fallen" – dieses alte Sprichwort ist auch heute noch up to date. Denn es macht Spaß, mit der Familie, Freunden, Nachbarn und Kollegen zu feiern: eine große klassische Hochzeit, eine bunte, ausgelassene Geburtstagsparty, einen Asia-Abend, bei dem Sie mit Ihren Gästen in Erinnerungen an den letzten Thailand-Urlaub schwelgen, ein festliches Weihnachtsessen, ein Osterbrunch, ein stilvolles Kaffeetrinken zur Taufe oder einen lockeren Stehempfang zum runden Geburtstag/Jubiläum.

So geht's los: Überlegen Sie sich zuerst, wie und wo Sie feiern wollen, welches Budget Ihnen zur Verfügung steht und wie viele Gäste Sie einladen wollen. Und zu Ihrer Beruhigung: Mit etwas Fantasie und Improvisation können Sie ein Fest nach Ihren Vorstellungen feiern – egal mit welchem Etat.

Das A und O: die Einladung

Wozu? Wann? Wo? Wie? Mit wem? Mit der schriftlichen Einladung (per Karte oder E-Mail) geben Sie Ihren Gästen viele wichtige Informationen:

- Was ist der Anlass/der Grund der Feier?
- Wer ist eingeladen (die ganze Familie oder nur die Erwachsenen)?
- An welchem Tag und zu welcher Uhrzeit findet das Fest statt?
- An welchem Ort wird gefeiert?

Bei größeren Festen fügen Sie diesen Basics noch weitere Infos hinzu, zum Beispiel eine Anfahrtsbeschreibung, einen Hinweis zum Geschenkewunsch, eventuell eine Angabe zum Kleidungsstil oder – für auswärtige Gäste – Tipps für die Unterkunft am Ort. Und: Die Gäste um eine baldige Antwort bitten, und zwar mit Angabe einer Frist für die Rückmeldung!

Klar ist aber: Spontane oder kurzfristige Einladungen für einen gemütlichen Grillabend oder ein Kaffeetrinken im Freundes- oder Familienkreis können Sie natürlich telefonisch oder per SMS aussprechen!

Die Einladungskarte

Auf das Design kommt es an! Wer eine Einladungskarte verschickt – bei größeren Festen ist das üblich –, stimmt seine Gäste bereits auf das Fest ein: Die Gestaltung sollte dem Stil der Feier entsprechen (zum Beispiel edel/dezent oder bunt/locker) – und sich dann später wie ein roter Faden durchziehen. Die Gäste werden überrascht sein, wenn Sie das schöne Design der Einladungskarte bei der Tischdeko sowie den Tisch- und Menükarten wiedererkennen.

Wenn Sie nur wenige Gäste einladen, können Sie die Karten von Hand schreiben. Das wirkt sehr persönlich und beeindruckt die Gäste! Bei einer großen Anzahl von Gästen sind vorgedruckte Karten zu empfehlen. Sie können entweder eine Druckerei beauftragen oder die Papierbogen/Doppelkarten auf Ihrem Computer ausdrucken. Eine große Papier- und Kartenauswahl finden Sie in gut geführten Schreibwarenläden oder im Hobbyfachhandel.

Achten Sie beim Kauf des Papiers darauf, dass es von der Stärke her zu ihrem Drucker passt. Denken Sie auch an das Porto, also an Größe und Gewicht des Papierbogens und des Briefumschlags – ein quadratischer Brief kostet zum Beispiel 1,45 Euro (!) Porto.

Karten verschicken

Lieber zu früh als zu spät: Je nach Anlass und Gästezahl am besten drei Monate bis drei Wochen vor dem Fest die Einladungen verschicken. Wenn auswärtige Gäste anreisen, sollten Sie sie noch früher informieren; mit einer Save-the-date-Karte oder per Mail den Termin am besten sechs Monate vorher ankündigen.

Köstlichkeiten: Speisen und Getränke

Egal, ob Büfett, Stehempfang oder Menü am Tisch – die goldene Gastgeberregel lautet: „Nichts sollte sich wiederholen!“ Sie sollten also möglichst unterschiedliche Gerichte anbieten, die miteinander harmonieren. Der Vorteil: Jeder Gast findet ganz bestimmt einen Teil der Speisen richtig lecker! Wenn Ihr Fest unter einem bestimmten Motto steht (zum Beispiel „Asia“ oder „Mittelmeer“), wählen Sie die Speisen danach aus. Es sollte aber nicht zu exotisch sein, damit sich alle wohlfühlen. Denn keinem Gast sollte es Schweißperlen auf die Stirn treiben, wenn ein Hummer auf dem Teller liegt und er nicht weiß, wie er ihn knacken soll. Denken Sie auch an Gäste, die sich eventuell vegetarisch oder vegan ernähren.

Beim Getränkeangebot können Sie sich auf das Wesentliche beschränken: Mit Wasser, Saft, Weiß- und Rotwein, Bier und Sekt liegen Sie immer richtig. Und nicht vergessen: Alle Getränke, die sprudeln oder schäumen, einen Tag vorher kalt stellen, denn nichts verdirbt die Partylaune mehr wie lauwarmes Bier an einem heißen Sommertag!

Tipp: Wer nicht genug Platz im Kühlschrank oder Keller hat, stellt die Getränke am Festtag etwa zwei Stunden vor Beginn der Feier in eine Wanne mit Wasser und Eiswürfeln!

Der Countdown läuft: Checkliste Fest- und Partyplanung

6 Monate vor dem Fest

- ☐ Save-the-Date-Karte oder Mail mit Ankündigung und Termin an alle Gäste schicken
- ☐ Raum organisieren – falls Sie nicht zu Hause feiern

3 Monate bis 3 Wochen vor dem Fest

- ☐ Einladungen verschicken und Rückmeldungen auswerten
- ☐ Eventuell Band/DJ beauftragen
- ☐ Eventuell Festkleidung einkaufen

1 Woche vor dem Fest

- ☐ Getränke, haltbare Lebensmittel und Deko besorgen
- ☐ Einzelne Lebensmittel im Fachgeschäft vorbestellen (Brot, Kuchen, Fleisch) oder beim Partyservice einzelne Gerichte beauftragen
- ☐ Tisch- und Menükarten vorbereiten
- ☐ Servietten falten und in Karton legen
- ☐ Tischwäsche auf Flecken hin kontrollieren; eventuell waschen
- ☐ Eventuell Helfer organisieren (Freundin, Aushilfskraft)
- ☐ Eventuell Nachbarn informieren, dass es laut werden könnte
- ☐ Musik-CDs zusammenstellen (Hintergrundmusik)

1 bis 2 Tage vor dem Fest

- ☐ Frische Lebensmittel einkaufen (Obst, Salat)
- ☐ Lagerfähige Speisen zubereiten (Kuchen)
- ☐ Getränke kaltstellen
- ☐ Wohnung putzen
- ☐ Geschirr und Besteck reinigen bzw. bereitlegen/ kontrollieren

Am Vormittag des Festes

- ☐ Tische aufstellen, eindecken und dekorieren
- ☐ Bestellte Lebensmittel abholen
- ☐ Menü/Büfett zu- und vorbereiten und eventuell kühl stellen
- ☐ Eine Garderobe für die Gäste einrichten
- ☐ Spielzeug für Kinder bereitlegen

1 bis 2 Stunden vor dem Fest

- ☐ Alle Räume kontrollieren
- ☐ Büfett aufbauen
- ☐ Helfer einweisen

Tipp: Eine Stunde, bevor die Gäste eintreffen, sollten Sie alle Vorbereitungen abgeschlossen haben, damit Sie sich in Ruhe umziehen und entspannt Ihre Gäste begrüßen können!

Der schön gedeckte Tisch

Edel und klassisch, rustikal im Landhausstil, romantisch verspielt oder fröhlich bunt – je nach Anlass haben Sie sich für einen bestimmten Stil entschieden. Sie können nun überlegen, ob alles farblich aufeinander abgestimmt sein soll oder ob Sie lieber Kontraste in den Vordergrund rücken wollen. Auch einen Stilmix können Sie wagen, wenn klar wird, dass Sie dies bewusst so gestaltet haben. Darauf kommt es an: Der Tisch sollte als ein stimmiges „Gesamtkunstwerk" erscheinen – und nicht als wahllos zusammengewürfeltes Sammelsurium.

Fürs Festmahl: verschiedene Tischformen

Ein runder, eckiger oder ovaler Tisch ist für eine kleine Gästeschar günstig. Bei einem eckigen Tisch sitzt der Gastgeber an einer Längsseite, um sich mit möglichst vielen Gästen unterhalten zu können. Bei großen Familienfesten (Hochzeit, Taufe, Kommunion/Konfirmation, runder Geburtstag) können mehrere eckige Tische aneinandergestellt werden:

- In I-Form (bis zu 30 Personen): Der Klassiker! Die Gastgeber sitzen in der Mitte einer Längsseite der Tafel. Der Nachteil: Eventuell fühlen sich die Gäste an den Stirnseiten etwas verloren; am besten diese Seiten abrunden und noch jeweils zwei bis drei Personen dort platzieren.

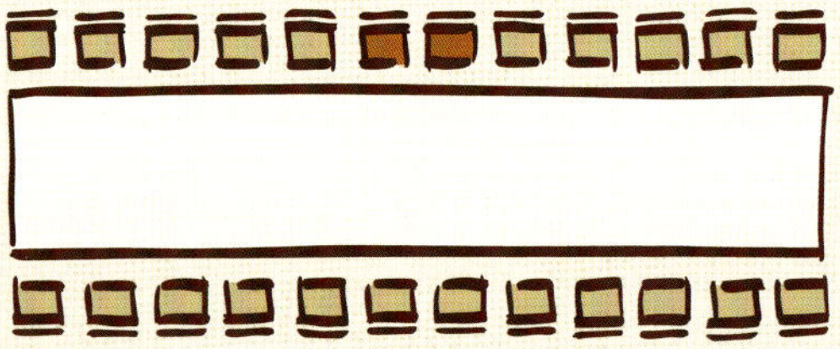

- In T-Form (bis zu 40 Personen): Die Gastgeber sitzen in der Mitte der schmalen Seite und haben alle Gäste im Blick. Der Nachteil: Manche Gäste müssen sich drehen, um die Gastgeber zu sehen.

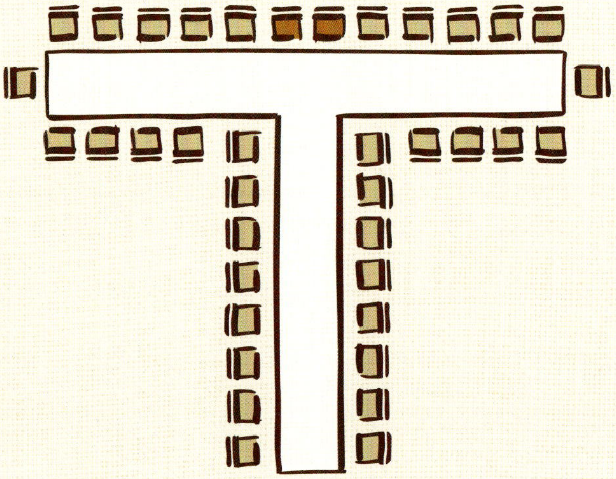

- In U-Form (40 bis 60 Personen): Der Gastgeber (oder das Jubelpaar) sitzt in der Mitte des „U" und hat einen guten Überblick. Der Nachteil: Einige Gäste sitzen mit dem Rücken zueinander.

Tipp: Eine sehr beliebte und lockere Form, Gäste zusammenzubringen, ist folgende Alternative: Mehrere runde oder eckige Einzeltische im Raum aufstellen und immer sechs bis zehn Personen daran platzieren.

Ein Hauch von Nostalgie: Tischwäsche

Tischdecken und (Stoff-)Servietten verleihen einem festlich gedeckten Tisch einen gewissen Glanz. Die Farbe und das Material der Servietten sollten zur Tischdecke und zu dem ausgewählten Faltmodell passen.

Tischdecken

Tischdecken können weiß, einfarbig oder bunt gemustert sein; am beliebtesten sind Tischdecken aus Baumwolle, denn sie sind pflegeleicht, knitterarm und strapazierfähig. Bei den kostbaren „Damast-Tischdecken" handelt es sich um einfarbige Decken aus Seide, Leinen oder Baumwolle mit eingewebten Mustern. Manche Gastgeber bevorzugen auch Tischdecken aus Leinen/Halbleinen, Viskose oder Kunstfaser. In der Größe passend ist eine Tischdecke, wenn sie an jeder Tischkante 20 bis 30 cm überhängt; sie sollte jedoch auf keinen Fall die Sitzfläche der Stühle berühren. Die Tischdecke auflegen und unschöne Falten einfach überbügeln.

Servietten

Die meisten Faltmodelle lassen sich sowohl aus Papier- als auch aus Vlies- und Stoffservietten falten. Die Faltmodelle sehen aber – je nach verwendetem Material – unterschiedlich aus. Je nach Serviettengröße fällt auch die Größe des gefalteten Modells entweder klein oder groß aus. Wer auf Nummer sicher gehen möchte: Vor dem Fest in Ruhe ausprobieren, welche Serviette für welches Modell am besten geeignet ist. Und: Für größere Feste die Servietten einige Tage vorher falten, in einen Karton legen und am Morgen des Festes dann auf den gedeckten Tisch legen.

Stoffservietten eignen sich besonders für festliche Anlässe, sie wirken edel und exquisit. Die Größe von Stoffservietten kann variieren: 40 x 40 cm, 50 x 50 cm und 60 x 60 cm sind übliche Standardmaße. Und noch ein paar Tricks:

- Stoffservietten vor dem Falten immer stärken: entweder mit Wäschesteif, das in der Waschmaschine direkt beim Waschen verwendet wird (Anweisungen auf der Packung beachten) oder direkt beim Bügeln mit Sprühstärke. Bei sehr dünnen Stoffen Sprühstärke sparsam verwenden, da sie sonst Ränder bzw. Flecken hinterlassen kann. Bei großen Servietten kann es für die benötigte Standfestigkeit nötig sein, den Stoff etwas mehr zu stärken.
- Die meisten Stoffservietten sind nicht hundertprozentig quadratisch. Beim Falten darf bzw. muss deshalb entsprechend etwas ab- oder zugegeben werden. Aber keine Sorge: Bei der fertig gefalteten Serviette fällt das nicht auf!
- Um die Faltkanten besonders fest nachzuziehen, einfach kurz überbügeln!

Vliesservietten (40 x 40 cm) sind meist durchgefärbt und weisen eine gute Standfestigkeit auf. Deshalb sind sie für alle Modelle dieses Buches gut geeignet. Bei großen Festen sind sie eine gute Alternative zu Stoffservietten.

Papierservietten sind meist etwas kleiner und auch weicher als Stoffservietten (Standard: 33 x 33 cm). Am besten immer beidseitig durchgefärbte Papierservietten verwenden, denn bei vielen Faltmodellen ist sowohl die Vorder- als auch die Rückseite der Serviette sichtbar. Papierservietten passen gut zu Partys und Stehempfängen.

Tipps

Für Teller bis 20 cm Durchmesser am besten kleine Cocktailservietten verwenden (20 x 20 cm); für größere Teller Servietten mit einer Seitenlänge von 40 bis 60 cm.

Aus hygienischen Gründen vor dem Falten gründlich die Hände waschen oder Einweghandschuhe überziehen!

Geschirr: die Qual der Wahl

Die Auswahl des Geschirrs ist eine Frage des persönlichen Geschmacks. Das Material, die Farben und Muster wirken jedoch unterschiedlich. Keramik zum Beispiel wirkt rustikal, Geschirr mit Blümchenmuster verspielt und romantisch, dunkle Farben extravagant, klare Farben modern. Besonders beliebt ist weißes Geschirr, denn es ist zeitlos schön und lässt sich wunderbar kombinieren. Wer nicht genug davon im Schrank hat, kann Geschirr bei einem professionellen Partyservice oder netten Nachbarn und Verwandten ausleihen.

Zur Grundausstattung (Set für 12 Personen) gehören große flache Teller (Speiseteller), tiefe Teller (Suppenteller), Dessertteller (Kuchenteller/Frühstücksteller) sowie Kaffee-, Tee- und Untertassen. Außerdem: Schüsseln und Servierplatten in verschiedenen Größen; eventuell noch Brotteller, Platzteller, Suppentassen und Unterteller sowie Müslischalen.

Stilecht tafeln: Besteck

Besteck aus Silber („Tafelsilber") gilt seit dem 17. Jahrhundert als Highlight eines perfekten Gedecks. Wer keinen „Silberschatz" im Schrank hat, kann auf Edelstahlbesteck zurückgreifen: Es ist leicht zu reinigen und sieht zeitlos schön und edel aus.

Zum Besteck eines normalen Hauptgerichtes (= das große Besteck/Standardbesteck) gehören große Gabeln, große Messer und große Löffel (Esslöffel); zum Dessertbesteck gehören kleine Löffel (Teelöffel) und kleine Gabeln (Kuchengabeln). Wer es noch edler mag, kann sich ein sogenanntes „Mittelbesteck" für Vorspeisen oder Zwischengänge zulegen. Dann gibt es noch das Fischbesteck mit einem speziellen Messer und einer kurzen, breiten Gabel. Manche schätzen auch ausgeklügelte Sonderbestecke zum Verspeisen von Hummern, Austern, Kaviar, Schnecken oder Krebsen.

Qualität erhöht den Genuss: Gläser

Glas ist nicht gleich Glas! Die Form und die Qualität eines Glases beeinflusst auch den Geschmack des Getränks. Deshalb besonders zu empfehlen: schlichte, langstielige und dünnwandige Gläser aus einer Serie, in unterschiedlichen Größen und Formen: für Wasser, Wein (rot und weiß), Bier, Sekt, Likör und Grappa. Solche Gläser sehen auf einem festlich gedeckten Tisch richtig edel und stilecht aus. Für Wasser können Sie aber auch einfache Bechergläser verwenden. Ein „No-Go": Plastikbecher oder ausgespülte Senfgläser.

Tipps

Wer nicht viel Besteck in der Schublade hat – oder nur ein buntes Sammelsurium, für den wäre das Anbieten von Fingerfood (Häppchen, Mini-Sandwiches) eine gute Alternative.

Schöne Extras, die kleine Akzente setzen können, sind Salatbesteck, kleine Buttermesser, Tortenheber, Käsemesser und Vorlegebesteck.

1 x 1 des Tischdeckens

Pro Person wird ein Gedeck benötigt, dazu gehören Teller, Gläser, Besteck und die Serviette. Manche Gastgeber decken auch einen Platzteller ein, der als Unterlage für den Speiseteller dient. Mit einer einfachen Grundregel kann nichts schiefgehen: Das Besteck wird immer so neben dem Teller angeordnet, dass der Gast es in der Speisefolge von außen nach innen benutzen kann. Die Gabeln liegen jeweils links, die Messer (die Schneide zeigt zum Teller) und der Esslöffel auf der rechten Seite. Dessertgabel und -löffel liegen oberhalb des Tellers.

Beispiel: Drei-Gänge-Menü mit Suppe/Salat, Fleisch und Dessert

Bei einem „einfachen Gedeck" liegt das Messer rechts vom Speiseteller (die Messerschneide zeigt zum Teller), die Gabel links. Wenn es Suppe gibt, liegt der Esslöffel rechts vom Messer. Ein Brotteller mit (Butter-)Messer steht immer links neben der Gabel. Das Dessertbesteck wird oberhalb des Tellers angeordnet, die Gläser (größeres Weinglas, kleines Wasserglas) stehen rechts davon.

Beispiel: Fünf-Gänge-Menü mit Vorspeise, Suppe, Fisch, Fleisch und Dessert

Sieht auf den ersten Blick vielleicht etwas kompliziert aus – ist es aber nicht! Bei einem „festlichen Gedeck" liegt das Besteck für die Vorspeise ganz außen, dann folgt das Besteck für den zweiten Gang (zum Beispiel Esslöffel für Suppe), dann für den dritten Gang ein Fischmesser (plus Gabel auf der linken Seite), beim vierten Gang (Hauptgang, meist mit Fleisch) kommen das Messer und die Gabel direkt neben dem Teller zum Einsatz. Das Dessertbesteck und den Brotteller wie beim Drei-Gänge-Menü anordnen.
Die Gläser entweder diagonal oder leicht versetzt rechts oberhalb des Tellers aufstellen. Das Weinglas für den Hauptgang (= „Hauptglas") steht über der Spitze des Messers für den Hauptgang, rechts daneben steht das Weinglas für die Vorspeise bzw. für die ersten beiden Gänge. Das Wasserglas wird hinter den Weingläsern platziert. Wenn es zum Dessert auch Wein gibt, steht dieses Glas links vom „Hauptglas".

Tipps

Die Speisen werden immer von der linken Seite des Gastes angereicht, die Getränke von rechts eingeschenkt. Abgeräumt wird ebenfalls von rechts.
Man muss sich nicht sklavisch an diese klassischen Gedeck- und Gastgeberregeln halten, sondern kann sich auch lässig darüber hinwegsetzen: Statt einer Tischdecke Sets oder bunte Papierbogen verwenden, Suppe in Kaffeetassen servieren oder Krabbencocktail in Müslischalen und scharfe Soßen in Eierbechern. Ein einfaches Wasserglas kann sogar für alle Getränke (Bier, Wein, Sekt und Saft) verwendet werden.

Blumenmeer oder Mini-Floristik?

Ein üppiges Blumenarrangement zieht wahrscheinlich alle Blicke auf sich, nimmt aber meist so viel Platz auf dem Tisch ein, dass es eng wird und die Gäste Schüsseln und Getränkeflaschen umständlich hin- und herschieben müssen. Deshalb lieber kleine Blumensträuße oder einzelne Blüten im Mini-Glas auf den Tisch stellen. Auf dem Wochenmarkt oder im Floristikfachhandel bekommen Sie zu jeder Jahreszeit eine große Auswahl an Blumen. Auch selbst gepflückte Wald- und Wiesenblumen sehen bezaubernd aus. Wichtig: Keine giftigen Pflanzen auswählen!

Kerzen, Lichter & Co.

Kerzen sorgen mit ihrem warmen, schönen Licht für eine stimmungsvolle Atmosphäre: Teelichter im Glas, Kerzenleuchter, kleine Laternen, Lampions oder Windlichter – es gibt eine Riesenauswahl. Schön sind auch Lichtergirlanden oder Lichterketten. Auch hier gilt die Devise: Den Tisch nicht zustellen, sondern ausreichend Platz für die Speisen lassen.
Noch was? Ja: Es kommt auf die richtige Dosierung an! Schummerlicht ist zwar in einer Bar gemütlich, kann bei einem Fest aber einschläfernd wirken; und zu starkes Neonlicht plus Kerzen wirkt meist ziemlich ernüchternd!

Basics der Tischdekoration

Bei der Deko können Sie nach Lust und Laune variieren. Je nach Anlass und Motto des Festes den Tisch mit schönen oder ungewöhnlichen Fundstücken aus der Natur (Muscheln, Blätter, Getreideähren, farbige Früchte, Kieselsteine), vom Flohmarkt (antiker Kerzenleuchter) oder geerbten Kostbarkeiten (Porzellantiere, Holzfiguren) aufhübschen. Auch im Hobbyfachhandel finden Sie viele Dekoteile aus Filz, Holz oder Papier. Aber auch hier gilt das Motto: Weniger ist mehr! Ein gigantischer Kerzenleuchter sieht zwar originell aus, verhindert eventuell aber, dass Ihre Gäste sich auf Augenhöhe unterhalten können. Eine schöne Geste: kleine, hübsch verpackte „Give-aways", die Ihre Gäste mit nach Hause nehmen können, zum Beispiel Süßigkeiten (weiße Mandeln, ein Mini-Kuchen oder ein Marzipanschwein), eine Piccolo-Flasche (mit Sekt oder Wein) oder ein Glas selbst gemachte Marmelade.

„Must-have": Tisch- und Menükarten

Tischkarten helfen den Gästen, ganz entspannt ihre Plätze zu finden – gerade bei großen Festen sehr zu empfehlen! Die Tischkarten mit den Namen der Gäste beschriften, am besten beidseitig, damit auch die Gäste gegenüber am Tisch wissen, mit wem sie es zu tun haben.
Menükarten enthalten eine Auflistung der Speisefolge sowie der Getränke; sie sind bei Gästen sehr beliebt, denn damit haben sie gleich etwas zum Lesen, Reden und Freuen! Bei Klappkarten werden die Getränke auf der linken Seite und die Speisefolge auf der rechten Seite aufgelistet. Sie können auch ein separates Einlegeblatt verwenden.

Die Tischordnung

Wer sitzt wo? Und neben wem? Hier ist diplomatisches Geschick gefragt. Bei kleinen Runden klappt die Sitzplatzverteilung meist ganz unkompliziert von selbst, bei größeren Festen ist eine klare „Regieanweisung" aber sehr sinnvoll – gerade wenn viele unterschiedliche Gäste aufeinandertreffen! Damit niemand die „Reise nach Jerusalem" spielen muss, sollten Sie also schon vor dem großen Fest Tischkärtchen mit den Namen der Gäste aufstellen. Am besten ist es, Menschen nebeneinanderzusetzen, die gleiche Hobbys, Berufe oder Interessen haben, dann kommen sie leicht miteinander ins Gespräch.
Bekannte „Streithähne" möglichst weit voneinander entfernt platzieren, um lautstarke, kontroverse Diskussionen über die letzte Bundestagswahl oder neue Steuergesetze zu vermeiden. (Ehe-)Partner schräg gegenüber setzen, auch Familienmitglieder, alte Kollegen oder Freunde, die sich gut kennen, eher jeweils am Tisch verteilte Plätze zuweisen, damit sie sich mit den übrigen Gästen bekannt machen können. Traditionell sollte auch immer ein Mann neben einer Frau sitzen; über diese Stilregel können Sie sich aber auch einfach hinwegsetzen. Außerdem: Kinder am besten an einem kleinen, separaten Tisch oder am Ende des großen Tisches platzieren.

Tischlichter & Give-aways

Deko-Idee

Die kleinen Give-away-Tütchen dienen gleichzeitig als Tischkarten. Die Tütchen sind etwa 7 x 7 cm groß und im Hobbyfachhandel erhältlich. Sie werden mit Deko-Tapes beklebt. Die Namen passend zum Tape am Computer schreiben, ausdrucken und anbringen oder die Tütchen von Hand beschriften. Kleine Teelichtgläser ebenfalls mit Deko-Tapes bekleben.

Große Familienfeste

Schutzengel

Die Serviette mit der rechten Seite (Sichtseite) nach unten gerade auf den Tisch legen (die linke Seite mit den Nahtkanten liegt oben).

Die Serviette von oben nach unten zur Hälfte falten. Ein weiteres Mal von rechts nach links zur Hälfte falten, sodass wieder ein Quadrat entsteht. Dieses Quadrat so drehen, dass die Ecke mit den vier offenen Lagen nach oben zeigt. Anschließend die rechte Ecke nach links falten, und zwar über eine (gedachte) senkrechte Linie, die 2 cm rechts von der senkrechten Mittellinie liegt.

Entlang der senkrechten Mittellinie wieder nach rechts außen zurückfalten.

Die linke Ecke nach rechts falten, und zwar über eine (gedachte) senkrechte Linie, die 2 cm links von der senkrechten Mittellinie liegt.

Entlang der senkrechten Mittellinie wieder nach links außen zurückfalten.

Die obere Hälfte entlang der waagerechten Mittellinie nach unten falten …

… und die Faltkante fest nachziehen.

Tipp: Einen Teelöffel auf die Serviette legen, das breite, runde Löffelende stellt den Kopf des Engels dar.

Kreuz

Die Serviette mit der rechten Seite (Sichtseite) nach unten diagonal auf den Tisch legen (die linke Seite mit den Nahtkanten liegt oben).

Alle vier Ecken zur Mitte falten. Die Serviette wenden.

Eine Ecke zum Mittelpunkt falten.

Auch die anderen drei Ecken zum Mittelpunkt falten; anschließend die Serviette wenden und gerade legen.

Ein drittes und letztes Mal wieder zuerst eine Ecke zum Mittelpunkt falten …

… und dann die drei anderen Ecken ebenfalls zum Mittelpunkt falten.

Nun eine Ecke anheben und an der Unterseite der Serviette eine unten zur Mitte hin zeigende Spitze nach vorne ziehen …

… und dabei die Seiten auffalten.

Die Faltkanten rechts und links fest nachziehen. Auf diese Weise alle vier Ecken auffalten; so entsteht das Kreuz.

Fisch

Die Serviette mit der rechten Seite (Sichtseite) nach unten gerade auf den Tisch legen (die linke Seite mit den Nahtkanten liegt oben).

An der unteren Kante einen schmalen Streifen nach oben falten. Anschließend die Serviette wenden.

Die Serviette senkrecht zur Hälfte falten, sodass der schmale Streifen nach außen gefaltet ist.

Nun die untere Hälfte der Serviette kantenbündig nach oben falten …

… und die Faltkante fest nachziehen.

Die oberen beiden Lagen der rechten Seite nach links auffalten …

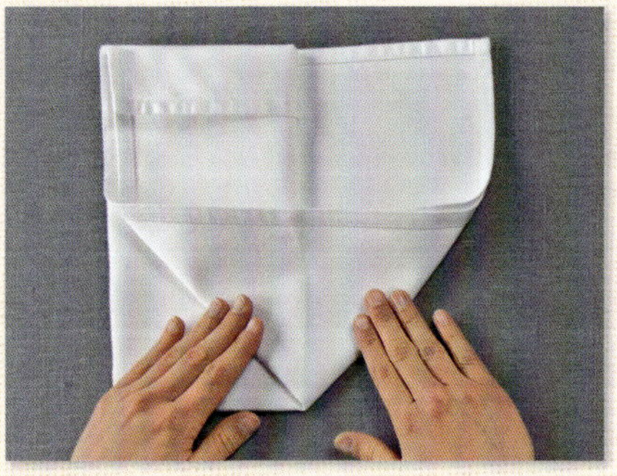

… und dabei die Kanten des am unteren Rand entstehenden Dreiecks sorgfältig nachziehen.

Die gefaltete Lage, jetzt mit nach innen eingefaltetem Dreieck, wieder nach rechts außen falten.

Nun die beiden oberen Lagen der linken Seite nach rechts falten und dabei die Kanten des entstehenden Dreiecks nachziehen.

→

Die gefaltete Lage, jetzt mit nach innen eingefaltetem Dreieck, wieder nach links außen falten. Die Serviette wenden.

Der schmale Streifen liegt nun auf der Rückseite der Serviette.

Die jetzt oben liegende Doppellage der Abbildung entsprechend nach unten falten.

Die oberen, äußeren Ecken der gerade gefalteten Lage im 45°-Winkel nach unten zur Mitte hin falten, dabei bleibt in der Mitte ein Streifen frei!

Nun noch die beiden oberen äußeren Ecken der Serviette nach unten zur senkrechten Mittellinie falten und den Fisch anschließend wenden.

Den Fisch etwas in Form ziehen.

Tischkärtchen

Quadrate, 7 x 7 cm, aus Tonkarton zuschneiden. Ein Quadrat diagonal halbieren und als Schwanzflosse ankleben. Die Namen der Gäste auf die Fische stempeln oder schreiben.

Edler Fächer

Die Serviette mit der rechten Seite (Sichtseite) nach unten gerade auf den Tisch legen (die linke Seite mit den Nahtkanten liegt oben) …

… und zur Hälfte nach oben falten.

Noch einmal etwa zwei Drittel der Serviette nach oben falten. Anschließend die Serviette um 90° drehen.

Nun die Serviette in ca. 1,5 cm breite Ziehharmonikafalten legen.

Die Ziehharmonikafalten fest zusammendrücken.

Den Fächer am unteren Ende festhalten und an der oberen Kante des halbhohen, inneren Fächers die Spitzen der nach hinten weisenden Falten nach vorne und unten ziehen; die Falten, die dabei entstehen, fest zusammendrücken.

Zuletzt den Fächer an der oberen Kante auseinanderziehen (auffächern).

Blattsegel

Die Serviette mit der rechten Seite (Sichtseite) nach unten diagonal auf den Tisch legen (die linke Seite mit den Nahtkanten liegt oben) …

… und zur Hälfte nach oben falten.

Etwa zwei Drittel des Dreiecks – parallel zur geschlossenen Kante – in ca. 1,5 cm breite Ziehharmonikafalten legen.

Oben bleibt ein Dreieck sichtbar.

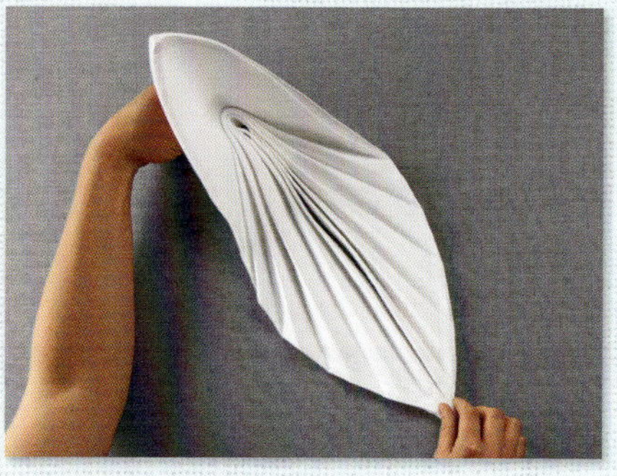

Die Serviette zur Hälfte zusammenfalten und aufstellen.

Dabei die unten liegenden Falten (= Blatt) etwas auseinanderziehen.

Tipp: Damit das „Segel", also das hintere Dreieck, aufrecht stehen bleibt, die Stoffserviette vor dem Falten gut stärken. Bei Papierservietten am besten beim dritten Schritt etwas mehr als zwei Drittel in Ziehharmonikafalten legen, damit das Dreieck etwas kleiner wird.

Krone

Die Serviette mit der rechten Seite (Sichtseite) nach unten diagonal auf den Tisch legen (die linke Seite mit den Nahtkanten liegt oben) …

… und zur Hälfte nach unten falten.

Die linke Spitze der oberen Kante zur unteren Spitze falten. Auch die rechte Spitze der oberen Kante zur unteren Spitze falten; nun entsteht wieder ein Quadrat.

Die beiden oberen Lagen (rechte und linke Spitze) jeweils von unten zur oberen Spitze falten.

Anschließend beide Spitzen jeweils der Abbildung entsprechend nach außen falten.

Etwa drei Viertel der beiden unteren Lagen nach oben falten und die Faltkante fest nachziehen.

Anschließend den schmalen unteren Streifen ebenfalls nach oben falten.

Die Serviette zusammenrollen und auf der Rückseite die Enden ineinanderstecken. Anschließend auf der Vorderseite in Form ziehen und die vordere Lage des kleinen, unteren Dreiecks nach unten falten.

Tipp: Wer dieses Modell mit einer einseitig bedruckten Papierserviette falten möchte, sollte im letzten Arbeitsschritt beide Lagen des vorderen kleinen Dreiecks nach unten falten, da sonst die weiße Rückseite der Serviette zu sehen ist.

Zickzackschleife

Die Serviette mit der rechten Seite (Sichtseite) nach unten gerade auf den Tisch legen (die linke Seite mit den Nahtkanten liegt oben) …

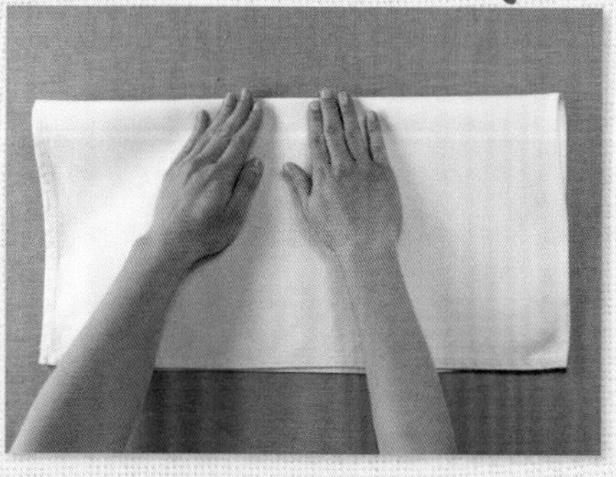

… und zur Hälfte nach unten falten. Die Faltkante fest nachziehen (oder kurz bügeln); anschließend die Serviette wieder auffalten.

Nun die obere und die untere Kante jeweils zur waagerechten Mittellinie falten. Die Serviette um 90° drehen.

Die Serviette parallel zur Schmalseite in ca. 1,5 cm breite Ziehharmonikafalten legen.

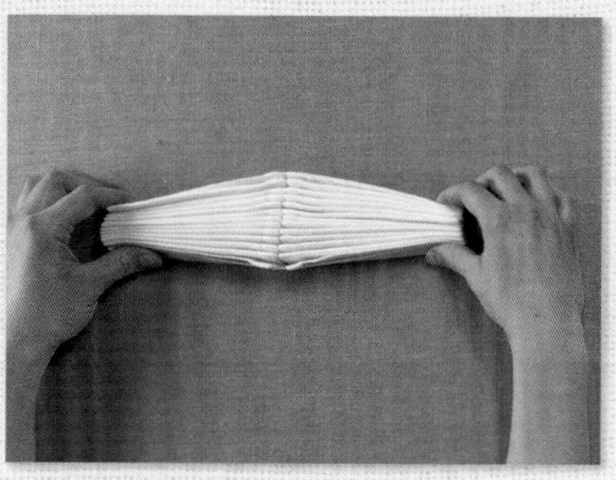

Die Ziehharmonikafalten fest zusammendrücken …

… und in der Mitte mit einem Band fixieren.

An den Außenkanten die nach oben zeigenden Falten nach unten und innen eindrücken. Die Falten durch festes Zusammendrücken fixieren.

Den Fächer schließlich an beiden Seiten auseinanderziehen.

Blütenknospe

Die Serviette mit der rechten Seite (Sichtseite) nach unten gerade auf den Tisch legen (die linke Seite mit den Nahtkanten liegt oben) …

… und das obere Drittel nach unten und das untere Drittel nach oben falten.

Die Serviette liegt nun dreifach, in einem schmalen Streifen, mit der offenen Kante nach oben.

Die rechte und die linke Seite jeweils zur Mitte falten.

Die äußeren oberen Ecken nach unten zur Mitte falten; anschließend die Serviette wenden und so drehen, …

… dass die Spitze unten liegt.

Die nun links oben liegende Ecke nach rechts unten ziehen, die rechte obere Ecke nach links unten; anschließend die beiden Ecken ineinanderstecken und …

… die Knospe umdrehen. Die Blüte auf der Vorderseite in Form ziehen.

Großes Blatt

Die Serviette mit der rechten Seite (Sichtseite) nach unten diagonal auf den Tisch legen (die linke Seite mit den Nahtkanten liegt oben) …

… und zur Hälfte nach oben falten.

Das ganze Dreieck parallel zur geschlossenen Kante in ca. 1,5 cm breite Ziehharmonikafalten legen.

Die Falten fest zusammendrücken.

In der Mitte mit einem kurzen Band fixieren.

Die gefaltete Serviette zur Hälfte zusammenlegen, dabei die Falten etwas auseinanderziehen, sodass die Blattform entsteht.

Tipp: Bei Papierservietten ist es nicht unbedingt notwendig, die Mitte mit einem Band zu fixieren (fünfter Schritt). Stattdessen einfach die unteren ein bis zwei Faltungen nach innen einschlagen, damit sie nicht abstehen.

Glasunterlage

Die Serviette mit der rechten Seite (Sichtseite) nach unten gerade auf den Tisch legen (die linke Seite mit den Nahtkanten liegt oben) …

… und zur Hälfte nach oben falten.

Die linke obere Ecke nach unten zur gedachten senkrechten Mittellinie falten.

Auch die rechte obere Ecke nach unten zur Mittellinie falten. Die Faltkanten fest nachziehen (oder kurz bügeln).

Nun die linke äußere Spitze zur oberen Spitze falten und die Faltkante fest nachziehen.

Jetzt die rechte äußere Spitze zur oberen Spitze falten.

Die Faltkante fest nachziehen.

Die nach oben gefaltete linke Spitze nach links aufziehen und etwas ausformen.

Auch die rechte Spitze aufziehen und etwas ausformen. Zum Fixieren ein Glas oder ein Schälchen auf die Serviette stellen.

Bestecktasche

Die Serviette mit der rechten Seite (Sichtseite) nach unten gerade auf den Tisch legen (die linke Seite mit den Nahtkanten liegt oben) …

… und zur Hälfte nach oben falten. Anschließend zur Hälfte nach links falten, sodass wieder ein Quadrat entsteht. Das Quadrat so legen, dass die vier offenen Ecken nach oben zeigen.

Die obere Lage zur unteren Spitze falten, die Faltkante fest nachziehen (oder kurz bügeln) …

… und ca. 2 cm unterhalb der waagerechten Mittellinien wieder nach oben falten.

Die obere Spitze nach unten **unter** die obere Serviettenlage stecken …

… und die (Falt-)Kante fest nachziehen.

Nun die obere Spitze der zweiten Lage nach unten falten, und zwar ca. 2 cm oberhalb der Kante der ersten Lage.

Die nach unten weisende Spitze ebenfalls unter die erste Lage stecken. Alle Faltkanten fest nachziehen; die Serviette anschließend wenden und gerade legen.

Die rechte und die linke Kante jeweils zur senkrechten Mittellinie falten; zuletzt die Serviette wieder wenden.

Lilie

Die Serviette mit der rechten Seite (Sichtseite) nach unten diagonal auf den Tisch legen (die linke Seite mit den Nahtkanten liegt oben) …

… und zur Hälfte nach oben falten.

Die äußere linke Spitze zur oberen Spitze falten.

Auch die rechte äußere Spitze zur oberen Spitze falten.

Den unteren Teil der Serviette ca. 1,5 cm unterhalb der waagerechten Mittellinie nach oben falten …

… und die Spitze nach unten zur Kante zurückfalten.

Die Serviette nach hinten zusammenrollen und auf der Rückseite die beiden unteren Spitzen ineinanderstecken.

Auf der Vorderseite die beiden schmalen Spitzen nach unten und außen sowie die fertige Lilie in Form ziehen.

Stehender Fächer

Die Serviette mit der rechten Seite (Sichtseite) nach unten gerade auf den Tisch legen (die linke Seite mit den Nahtkanten liegt oben) …

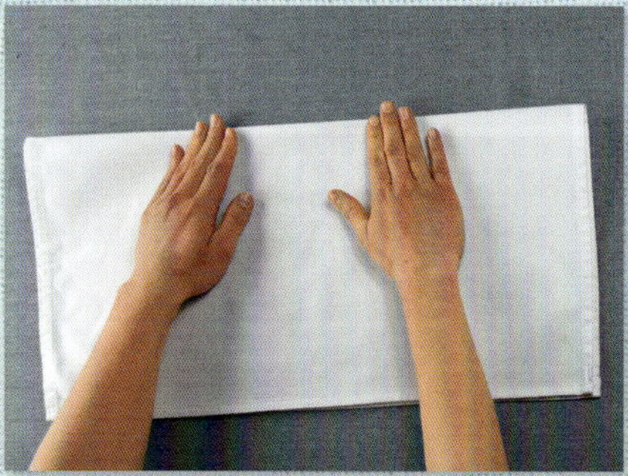

… und zur Hälfte nach unten falten; die Faltkante fest nachziehen. Anschließend die Serviette um 90° drehen.

Drei Viertel der Serviette parallel zur Schmalseite in ca. 1,5 cm breite Ziehharmonikafalten legen.

Die Ziehharmonikafalten fest zusammendrücken; das obere Viertel der Serviette wird nicht gefaltet.

Die Serviette in die Hand nehmen …

… und zur Hälfte zusammenfalten.

Die Serviette mit der ungefalteten Fläche nach hinten auf einen Teller legen und eine gefaltelte Hälfte als runden Fächer aufziehen.

Tipp: Den Fächer zur rechten oder zur linken Seite hin auffalten. Eine Seite wird immer eine geschlossene Oberkante aufweisen, auf der anderen sind die zwei Serviettenlagen an der Oberkante sichtbar. Bei Servietten mit Hohlsaum also eher die Saumseite auffächern, bei Servietten mit unschönem Rand die geschlossene Seite.

Stehendes Blatt

Die Serviette mit der rechten Seite (Sichtseite) nach unten gerade auf den Tisch legen (die linke Seite mit den Nahtkanten liegt oben), …

… zur Hälfte nach oben falten, dann zur Hälfte nach links falten. Anschließend um 45° drehen, sodass die Ecke mit den vier offenen Lagen nach links zeigt.

Die obere Lage der linken Ecke über die senkrechte Mittellinie nach rechts falten …

… und dann einen ca. 1,5 cm breiten Streifen (rechts von der Mittellinie) wieder zurückfalten.

Die ganze Ecke in Ziehharmonikafalten legen.

Die zweite Lage der linken Ecke ebenfalls in Ziehharmonikafalten legen. Dazu zuerst einen ca. 1,5 cm breiten Streifen links von der senkrechten Mittellinie falten und dann von links nach rechts falten, …

… bis auch diese Seite ganz in Ziehharmonikafalten gelegt ist.

Nun die Serviette entlang der waagerechten Mittellinie nach hinten zusammenfalten.

Die Serviette zusammenrollen und die Spitzen auf der Rückseite ineinanderstecken. Auf der Vorderseite das entstandene Blatt auseinanderziehen und in Form bringen.

Tipp: Bei diesem Modell ist sowohl die Vorder- als auch die Rückseite der Serviette sichtbar. Deshalb am besten beidseitig durchgefärbte Papier- oder Stoffservietten verwenden.

Feste rund ums Jahr

Einfacher Fächer

Die Serviette mit der rechten Seite (Sichtseite) nach unten gerade auf den Tisch legen (die linke Seite mit den Nahtkanten liegt oben).

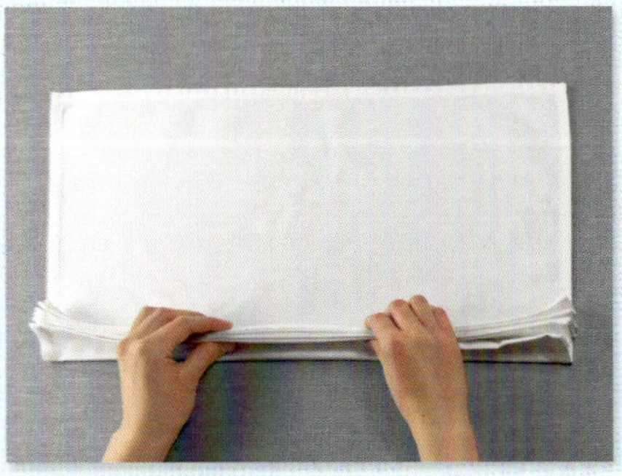

Die ganze Serviette in ca. 1,5 cm breite Ziehharmonikafalten legen, dabei an der unteren Kante beginnen.

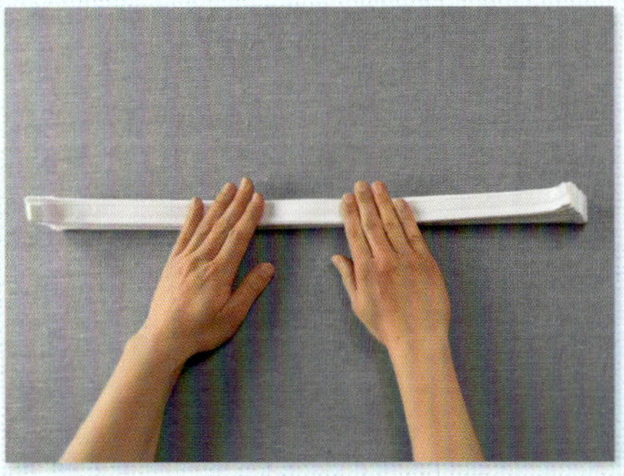

Die Falten fest zusammendrücken.

Die Serviette zur Hälfte zusammenfalten …

… und am unteren Ende mit einem kurzen Band fixieren.

Zuletzt den Fächer auseinanderziehen.

Tipp: Bei diesem Modell ist nur eine Seite der Serviette sichtbar, deshalb am besten einseitig bedruckte Papierservietten verwenden. Bei gemusterten Servietten darauf achten, dass sich das Muster der rechten und der linken Fächerhälfte beim Falten (vierter Schritt) harmonisch zusammenfügt. Je nach Muster kann das Ergebnis zudem völlig anders aussehen, wenn die Serviette um 90° gedreht wird.

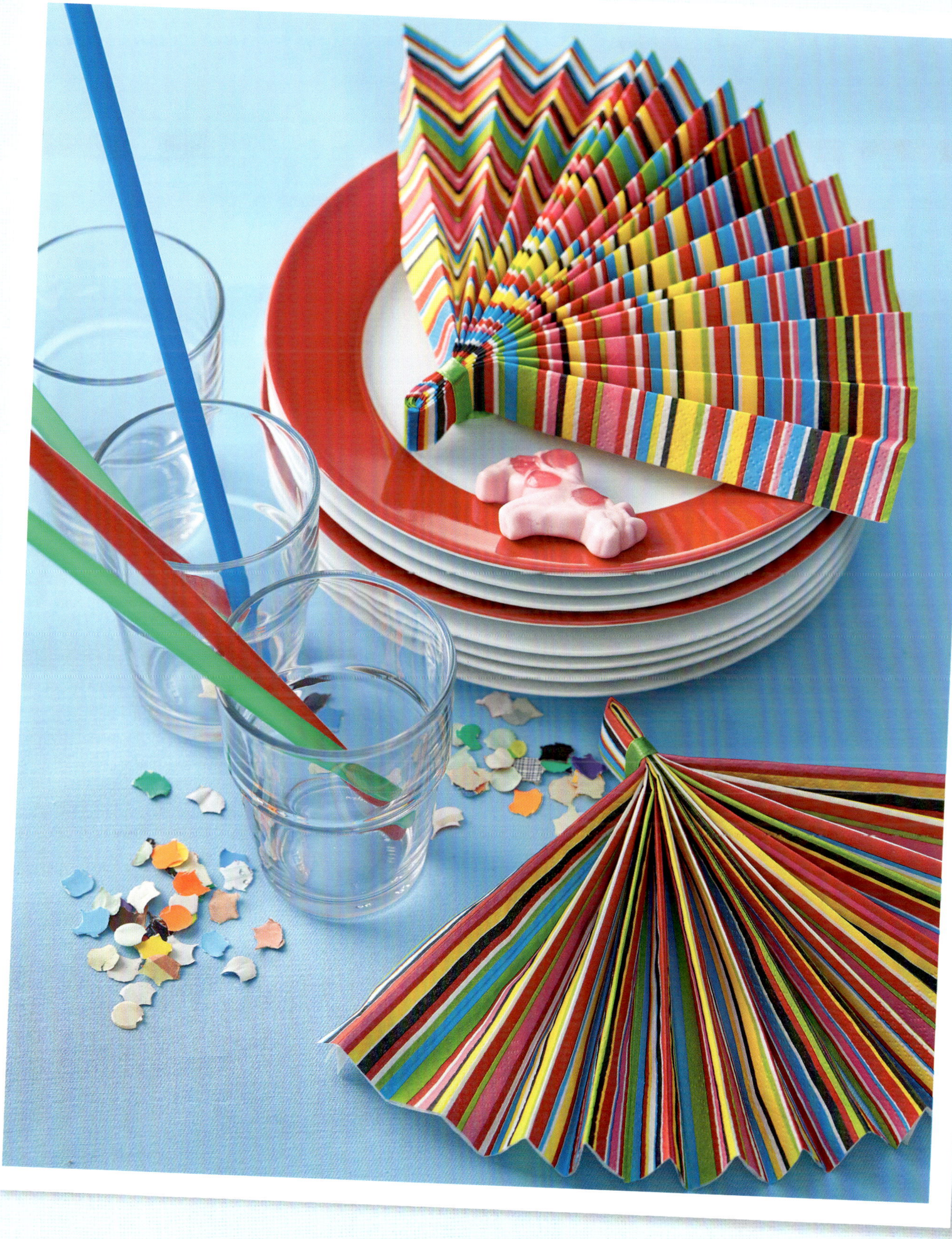

Hase

Die Serviette mit der rechten Seite (Sichtseite) nach unten diagonal auf den Tisch legen (die linke Seite mit den Nahtkanten liegt oben) …

… und zur Hälfte nach unten falten.

Die Spitze oben rechts nach unten zur Mitte ziehen, dabei die beiden Lagen auseinanderfalten.

Die linke Ecke des Quadrats, das dabei entsteht, wieder nach rechts falten.

Mit der linken Seite spiegelverkehrt genauso verfahren, also die linke Ecke nach rechts ziehen und die rechte Ecke des Quadrats wieder nach links falten.

Nun unten die Spitze der oberen Lage anheben und so nach oben ziehen, dass dabei eine lang gezogene Raute entsteht.

Die Kanten fest nachziehen; dann die Serviette wenden.

Etwa zwei Drittel der unteren Hälfte des Quadrats (obere Lage) nach hinten oben einfalten.

Die rechte Seite nach links aufklappen, …

… von links zur Mitte falten …

… und wieder nach rechts zuklappen.

Die linke Seite spiegelverkehrt auf die gleiche Weise falten, also die linke Seite nach rechts aufklappen, von rechts zur Mitte falten und wieder nach links zuklappen. Die Serviette wenden.

Etwa ein Drittel der entstandenen Raute nach oben falten (= Kopf und Ohren des Hasen).

Die Faltkante nur leicht nachziehen.

Die ganze Serviette nach hinten zur Hälfte zusammenlegen, dann waagerecht drehen und dabei gleichzeitig den Kopf mit den Ohren etwas nach oben ziehen.

Für das Stummelschwänzchen die lange Spitze nach innen falten und – mit etwas Abstand – wieder nach außen.

Den Hasen aufstellen und die Ohren in Form ziehen.

Tipp: Am schönsten sieht der Hase aus, wenn er aus beidseitig durchgefärbten Papier- oder Stoffservietten angefertigt wird.

Lichter & Vasen

Ausgeblasene Eier auf Astscheiben – etwa 6 cm Durchmesser – kleben. Mit Moos und einer Blüte verzieren. Kleine Stabkerzen mit Wachsplättchen in den Eiern fixieren. Oder die Eier mit Wasser füllen und Gräser (oder kleine Blümchen) hineinstellen.

Deko-Idee

Libelle

Die Serviette mit der rechten Seite (Sichtseite) nach unten gerade auf den Tisch legen (die linke Seite mit den Nahtkanten liegt oben) …

… und die obere Hälfte nach unten falten; anschließend die rechte Seite nach links. Das entstandene Quadrat um 45° drehen, sodass die Ecke mit den vier offenen Lagen nach unten zeigt.

Die obere Ecke über die waagerechte Mittellinie nach unten falten.

Parallel zur oberen Kante die ganze Serviette in Ziehharmonikafalten legen.

Die Serviette in der Mitte festhalten …

… und mit einem kurzen Stück Band fixieren. Die Bandenden stellen die Fühler der Libelle dar.

Tipp: Für dieses Modell am besten dünne Stoff- oder Papierservietten verwenden, denn die Libellen-Serviette liegt beim Falten 8-fach.

Schmetterling

Beide Diagonalen der Serviette einmal vorfalten (die Faltkanten fest nachziehen oder kurz bügeln) und die Serviette mit der rechten Seite (Sichtseite) nach unten gerade auf den Tisch legen (die linke

Seite mit den Nahtkanten liegt oben). Anschließend die obere Hälfte der Serviette nach unten falten.

Die obere Lage der rechten unteren Ecke auf die linke untere Ecke ziehen. Dabei die beiden Lagen so auseinanderfalten, dass ein Dreieck entsteht.

Die linke Hälfte des entstandenen Dreiecks wieder nach rechts zurückfalten. Die obere Kante ist nun nach innen einfaltet.

Die obere Lage der linken unteren Ecke nun spiegelverkehrt zur rechten unteren Ecke ziehen und dabei die linke obere Kante so auseinanderfalten, …

… dass sie beim Zurückfalten in die Mitte eingefaltet wird. Die Serviette besteht nun aus einem Dreieck mit jeweils zwei Doppellagen.

Die untere linke Spitze der oberen Doppellage zur oberen Spitze falten.

Die untere rechte Spitze der oberen Doppellage ebenfalls zur oberen Spitze falten …

… und die Faltkanten fest nachziehen; anschließend die Serviette wenden und drehen.

Die Spitze des breiten Dreiecks zeigt nun nach unten.

Die obere Lage der nach unten zeigenden Spitze nach oben zur Kante falten.

In der Mitte alle Lagen mit der Hand greifen (eventuell mit einer Klammer fixieren) …

… und die Serviette noch einmal wenden; den Schmetterling etwas in Form ziehen.

Tipp: Dieses Modell lässt sich am besten aus einer kleinen Stoffserviette (maximal 40 x 40 cm) oder einer Papierserviette falten, da es im Verhältnis zur Ausgangsserviette recht groß wird. Zum Fixieren auf der Rückseite eignet sich zum Beispiel eine farblich passende Schmuckklammer.

Tischlicht

Deko-Idee

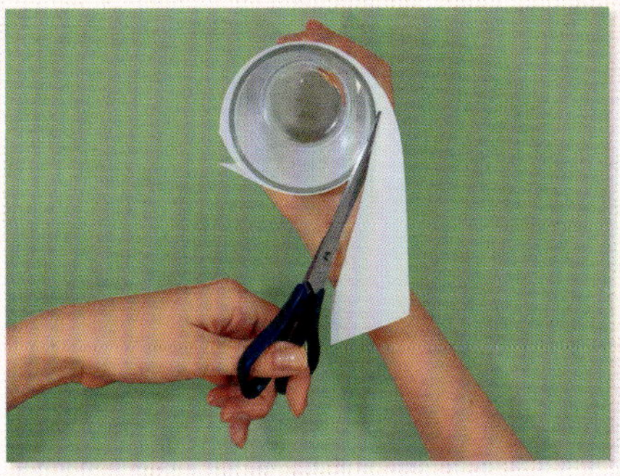

Zuerst eine Schablone herstellen: Hierfür Papier um das Glas wickeln, mit Klebestreifen fixieren und oben und unten am Glasrand abschneiden.

Das Papier mit dem Cutter aufschneiden.

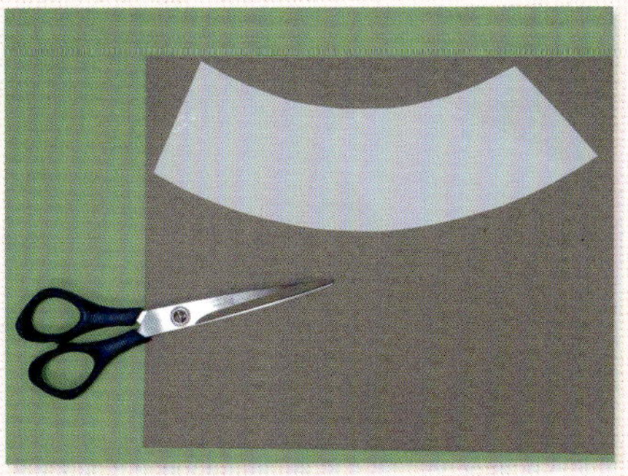

Den Zuschnitt auf eine feste Pappe kleben und ausschneiden.

Von der Serviette die obere Schicht ablösen und glatt streichen. Die Schablone auflegen, den Umriss auf die Serviette zeichnen und ausschneiden.
Den Zuschnitt um das Glas herumlegen und die Nahtstelle mit Klebestreifen fixieren. Eventuell mit einer Bordüre verzieren.

Lotusblüte

Die Serviette mit der rechten Seite (Sichtseite) nach unten diagonal auf den Tisch legen (die linke Seite mit den Nahtkanten liegt oben) …

… und die vier Ecken jeweils zum Mittelpunkt falten.

Die vier Ecken ein zweites Mal zum Mittelpunkt falten …

… und die Faltkanten fest nachziehen. Anschließend die Serviette wenden.

Zum dritten Mal alle vier Ecken zum Mittelpunkt falten …

… und die Faltkanten fest nachziehen.

An der Unterseite der Serviette nacheinander die zur Mitte zeigenden Ecken greifen und nach oben und außen aufziehen, bis die Kanten nach oben

klappen; dabei auf der Oberseite die Mitte festhalten. Auf diese Weise alle vier Ecken aufziehen.

Krebs

Je beide Diagonalen und Senkrechten der Serviette einmal vorfalten (die Faltkanten fest nachziehen oder kurz bügeln) und die Serviette mit der rechten Seite

(Sichtseite) nach unten gerade auf den Tisch legen (die linke Seite mit den Nahtkanten liegt oben). Anschließend die obere Hälfte nach unten falten.

Die obere rechte Ecke nach unten zur Mitte zwischen die beiden Stofflagen ziehen …

… und einfalten.

Die linke obere Ecke ebenfalls nach innen unten zur Mitte ziehen …

… und einfalten, sodass ein Dreieck mit zwei Doppellagen entsteht.

Jeweils die obere Doppellage der rechten und der linken Spitze nach innen einfalten, sodass „Beine" zwischen dem „Bauchpanzer" herausragen.

Die Faltkanten fest nachziehen oder kurz bügeln; die Serviette wenden und drehen.

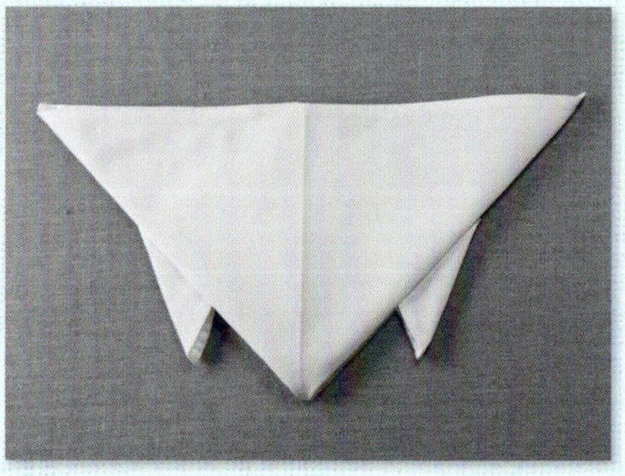

Die „Beinspitzen" zeigen jetzt nach unten.

→

Unten in der Mitte ein kleines Dreieck nach oben falten.

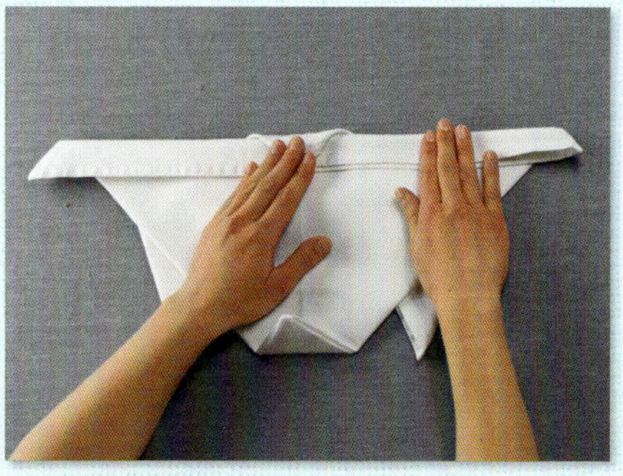

Entlang der oberen Kante einen ca. 1,5 cm breiten Streifen umfalten.

Anschließend entlang der rechten und der linken Kante jeweils ein schmales Stück nach innen falten, sodass die „Scheren" des Krebses entstehen.

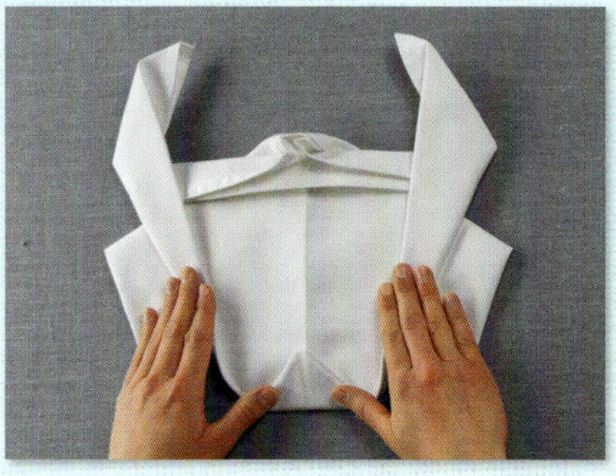

Die Faltkanten fest nachziehen oder kurz bügeln; anschließend die Serviette wenden.

Den Krebs in Form ziehen.

Tipp: Dieses Modell am besten aus einer sehr kleinen Serviette, zum Beispiel einer Cocktailserviette, falten, damit der Krebs nicht zu groß wird.

Muschelkerzenhalter

Deko-Idee

Eine Astscheibe, etwa 2 cm hoch und mit einem Durchmesser von etwa 6 cm, mittig vorbohren und einen Ast mit Leim einkleben.
Eine große Muschel auf das Zweigende beziehungsweise mittig auf eine zweite Astscheibe kleben.
Kleine Muscheln anbringen, etwas Moos platzieren und dünne Stabkerzen einsetzen.

Blüte

Die Serviette mit der rechten Seite (Sichtseite) nach unten gerade auf den Tisch legen (die linke Seite mit den Nahtkanten liegt oben) …

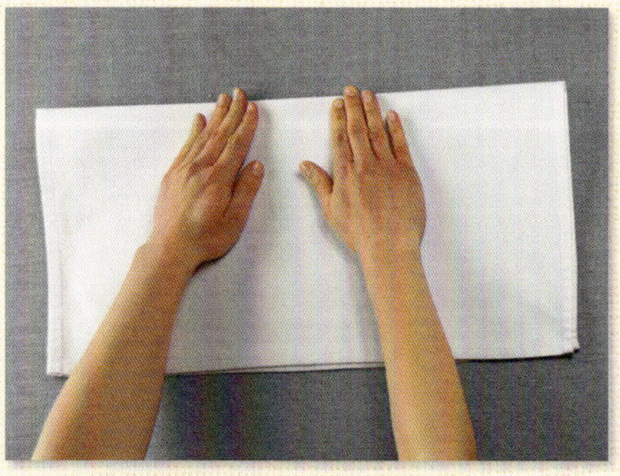

… und die obere Hälfte nach unten falten.

Anschließend nach links zusammenfalten, die Faltkante fest nachziehen.

Die Serviette wieder nach rechts auffalten; die obere rechte Kante zur senkrechten Mittellinie falten.

Auch die linke obere Kante zur Mittellinie falten und die Faltkanten fest nachziehen.

Die rechte mittlere Kante nun zur schrägen Außenkante zurückfalten.

Auch die linke mittlere Kante zur schrägen Außenkante falten.

Die linke schräge Außenkante nach hinten zur Mitte falten.

Auch die rechte schräge Außenkante nach hinten falten; die Faltkanten fest nachziehen; anschließend die Serviette um 180° drehen.

→

Die untere Spitze anheben …

… und auf die obere falten.

Die Serviette nach vorne zusammenfalten.

Die Blüte an der unteren Kante festhalten, die Querfalte vorne in der Mitte ca. 2 cm nach vorne umklappen …

… und die Blütenblätter rechts und links auseinanderziehen.

Zwischen die Falten der Rückseite die Zinken einer Gabel schieben.

Die Serviette (Blüte) mit der Gabel aufstellen und in Form ziehen.

Tipp: Dieses Modell lässt sich durch Farb- und Mustervariationen der Serviette prima abwandeln.

Tischlicht

Zwei gerade Aststücke, 15 cm lang, und zwei 20 cm lange Äste mit Nägeln und Leim an den Außenkanten eines Holzbretts, 1 cm dick und 15 x 15 cm groß, anbringen. Ein Glas, etwa 9 cm Durchmesser und 15 cm hoch, mit Sand füllen, eine passende Kerze hineinstellen und das Glas mit einer Wollkordel und einer Perle verzieren. Aststückchen, etwa 5 bis 6 cm lang, um das Glas herum aufschichten.

Doppelte Blüte

Zwei unterschiedlich große Servietten jeweils diagonal falten, sodass die rechte Seite (Sichtseite) nach außen zeigt (die linke Seite mit den Nahtkanten liegt innen). Beide Servietten

der Abbildung entsprechend aufeinanderlegen. Danach die linken äußeren Ecken beider Servietten zusammen nach oben zur Spitze falten.

Auch die rechten äußeren Ecken beider Servietten zur Spitze falten. Anschließend die Servietten wenden und so drehen, dass die Spitze mit den offenen Kanten unten liegt.

Die Serviette anheben …

… und entlang der waagerechten Mittellinie nach hinten zusammenfalten.

Die Serviette zusammenrollen und die Spitzen auf der Rückseite ineinanderstecken.

Die verschiedenen Serviettenlagen auf der Vorderseite auseinanderziehen und die Blüte in Form bringen.

Tipp: Je nachdem, wie sehr die Größen der Servietten voneinander abweichen und welche Farben ausgewählt werden, entstehen wunderschöne Effekte! Auch Stoff- und Papierservietten lassen sich miteinander kombinieren.

Fledermaus

Die Serviette mit der rechten Seite (Sichtseite) nach unten gerade auf den Tisch legen (die linke Seite mit den Nahtkanten liegt oben) …

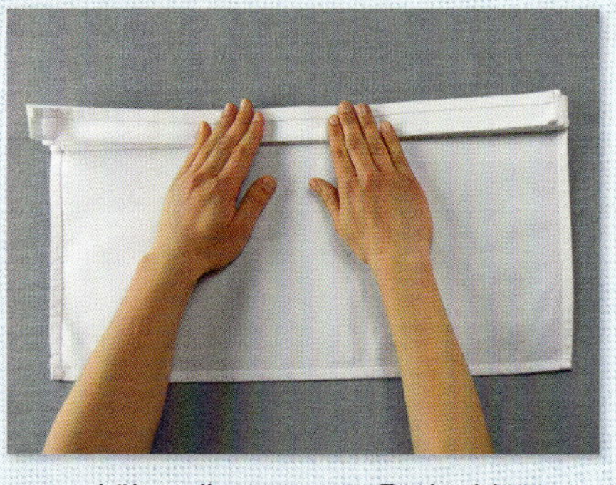

… und über die gesamte Breite bis zur Hälfte in Ziehharmonikafalten legen; anschließend die Serviette wenden und so drehen, …

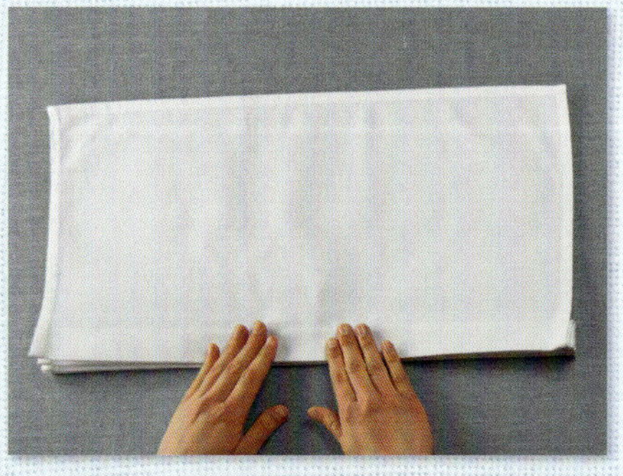

… dass der eingefaltete Teil unten liegt; die Sichtseite der Serviette liegt oben.

Nun die rechte und die linke untere Ecke jeweils nach oben zur Mitte falten; anschließend die Serviette wenden.

Unten an der Spitze ist nun eine kleine dreieckige Tasche zu sehen.

Die Spitzen oben rechts und links zur Ecke nach unten in die Mitte falten …

… und in die kleine dreieckige Lasche an der Spitze einstecken.

Die Serviette von unten nach oben zur Hälfte falten …

… und anschließend ca. 2 cm oberhalb der waagerechten Mittellinie wieder zurück nach unten falten.

Die beiden nach rechts und links außen zeigenden Spitzen nach innen falten und ineinanderstecken.

Die Serviette wenden …

… und die Flügel auseinanderziehen.

Tipp: Für dieses Modell am besten Papierservietten verwenden, da es sehr kompakt zusammengefaltet wird. Der Kontrast zwischen massivem Fledermauskörper und filigranen Flügeln wird durch Papierservietten besonders hervorgehoben.

Mini-Schälchen

Deko-Idee

Ein Quadrat aus Transparentpapier oder Tonpapier, 15 x 15 cm, in neun Felder, je 5 x 5 cm, einteilen, falten und wieder öffnen.

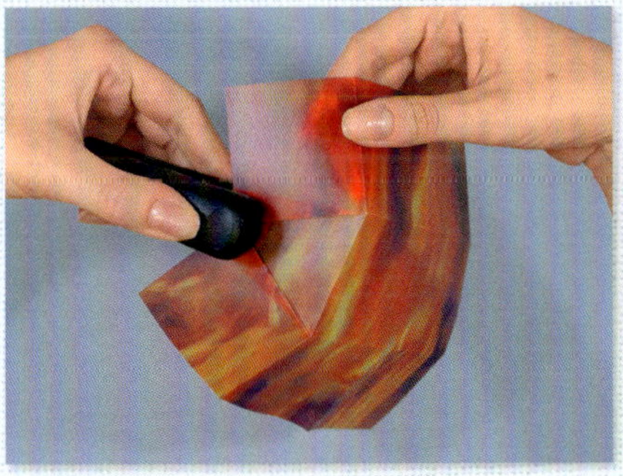

Die mittleren Felder einknicken und mit einem Tacker zusammenheften. Das Schälchen mit Dekotape verzieren und mit kleinen Süßigkeiten füllen.

Säckchen

Die Serviette mit der rechten Seite (Sichtseite) nach unten gerade auf den Tisch legen (die linke Seite mit den Nahtkanten liegt oben), …

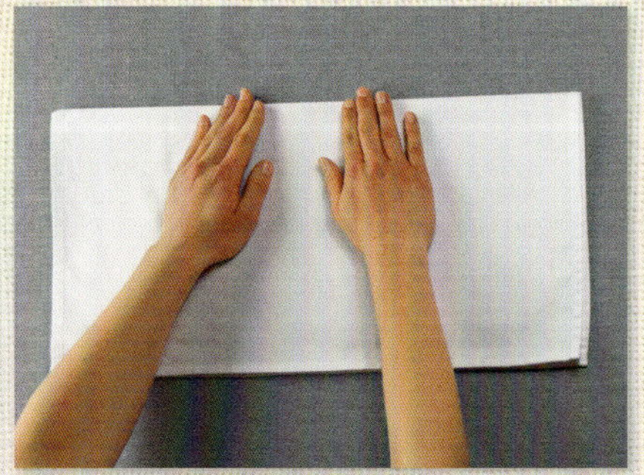

… die obere Hälfte nach unten falten und die Faltkante fest nachziehen.

Auf die Serviette eine Überraschung (zum Beispiel Nüsse) legen.

Das untere Drittel nach oben …

… und das obere nach unten falten, sodass nun die Überraschung im Inneren der Serviette liegt.

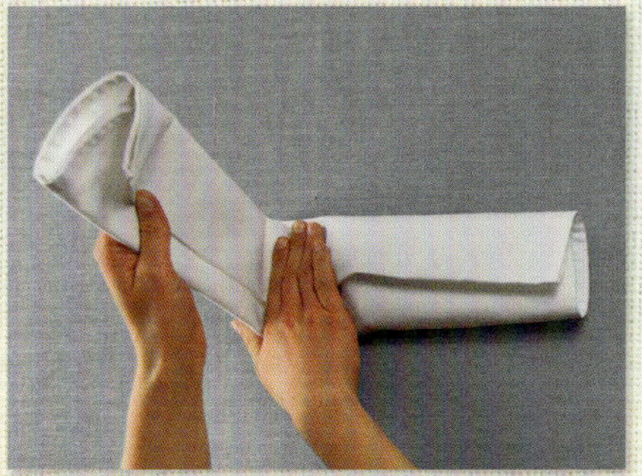

Den schmalen Serviettenstreifen zur Hälfte zusammenfalten …

… und das „Säckchen", das nun entstanden ist, mit einem Band zubinden.

Tannenbaum

Die Serviette mit der rechten Seite (Sichtseite) nach unten gerade auf den Tisch legen (die linke Seite mit den Nahtkanten liegt oben) …

… und die untere Hälfte nach oben falten, anschließend von rechts nach links noch einmal zur Hälfte falten, sodass wieder ein Quadrat entsteht. Das Quadrat um 45° drehen, die Ecke

mit den vier offenen Lagen zeigt dann nach oben. Anschließend die oberste Lage so nach unten falten, dass ein ca. 2 cm breiter Rand unten entsteht.

Auch die drei anderen Lagen auf diese Weise nach unten falten. Die Breite der Ränder kann je nach Serviettengröße variieren, sie sollte aber bei allen Lagen gleich sein.

Die Faltkanten fest nachziehen oder kurz bügeln. Anschließend die vier Lagen locker wieder nach oben aufklappen.

Den Baum nun von unten aufbauen: Jede Ecke so weit nach oben einschlagen (nicht falten!), bis die Spitze die Faltkante der darüberliegenden Lage erreicht.

Mit dem unteren Teil der Serviette beginnen, dann die vier oberen Lagen nacheinander einschlagen.

Die obere Ecke im gleichen Abstand nach oben legen; anschließend die Serviette wenden.

Die gewendete Serviette.

Die rechte und die linke Spitze nun jeweils schräg nach hinten unten umlegen, sodass die typische Tannenbaum-Dreiecksform entsteht.

Die überstehenden unteren Kanten zusammen nach innen einschlagen und die Form damit fixieren.

Die Serviette wenden und den Baum in Form ziehen.

Tipp: Bei diesem Modell ist sowohl die Vorder- als auch die Rückseite der Serviette sichtbar. Deshalb am besten beidseitig durchgefärbte Papier- oder Stoffservietten verwenden.

Kleine Säckchen

Deko-Idee

Auf die naturbelassenen Säckchen, 10 x 7 cm, Sterne aufstempeln und die Farbe gut trocknen lassen. Säckchen, Stempel und Farbe gibt es im Hobbyfachhandel. Die Säckchen mit kleinen Süßigkeiten, zum Beispiel Pralinen, Schokomandeln oder Marzipanherzen, füllen und als Give-aways den Gästen schenken.

Stern

Die Serviette mit der rechten Seite (Sichtseite) nach unten gerade auf den Tisch legen (die linke Seite mit den Nahtkanten liegt oben).

Die rechte und die linke Kante jeweils zur Mitte falten. Die Serviette anschließend wenden und in vier Ziehharmonikafalten legen; dabei unten beginnen.

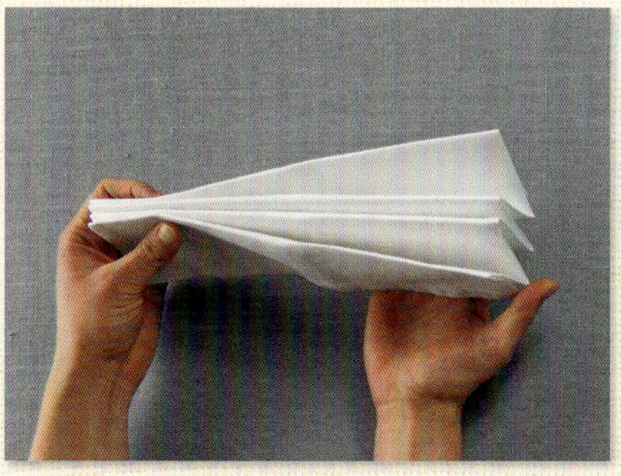

Die Ziehharmonikafalten fest zusammendrücken und die Serviette so aufstellen, dass die vier geschlossenen Kanten der Ziehharmonikafalten nach oben zeigen.

Nun die vier nach oben stehenden Ecken jeder Seite nach innen und unten falten, …

… so entsteht eine besondere Zackenform.

Den Stern in der Mitte fassen …

… und die Zacken außen herum aufziehen.

Tipp: Damit der Stern gut steht, am besten eine feste Vliesserviette oder eine gestärkte Stoffserviette verwenden.

Engel

Die Serviette mit der rechten Seite (Sichtseite) nach unten gerade auf den Tisch legen (die linke Seite mit den Nahtkanten liegt oben) …

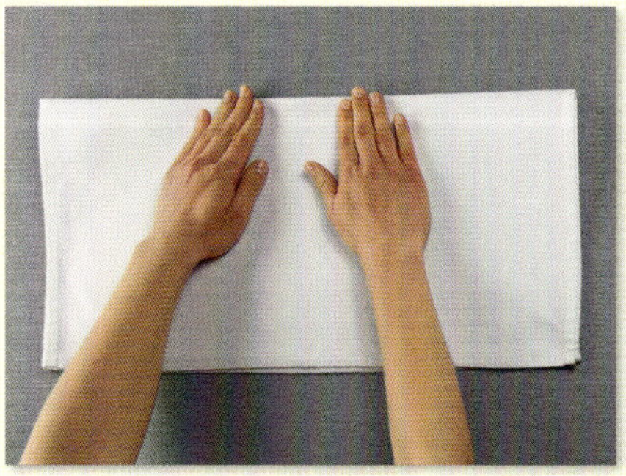

… und die obere Hälfte nach unten falten.

Anschließend nach links zusammenfalten, die Faltkante fest nachziehen.

Die Serviette wieder nach rechts auffalten; die obere rechte Kante zur senkrechten Mittellinie falten.

Auch die linke obere Kante zur Mittellinie falten.

Die rechte mittlere Kante nun zur schrägen Außenkante zurückfalten.

Auch die linke mittlere Kante zur schrägen Außenkante falten.

Die linke schräge Außenkante nach hinten zur Mitte falten.

Auch die rechte schräge Außenkante nach hinten falten; die Falzkanten fest nachziehen.

→

Die obere Spitze auf die untere falten …

… und die Serviette nach vorne zusammenfalten.

Die Flügel auseinanderfalten …

… und oben mittig einen Teelöffel als Kopf einstecken.

Tipp: Den Teelöffel am besten auf der Serviettenrückseite mit einer farblich passenden Dekoklammer fixieren, damit er nicht nach unten rutschen kann. Kleine Klämmerchen in verschiedenen Farben sind im Hobbyfachhandel erhältlich. Oder kleine Naturholzklämmerchen auseinandernehmen, mit Acrylfarbe bemalen und wieder zusammensetzen.

Tischlicht

Deko-Idee

Einen Streifen Transparentpapier in der Größe des Glases zuschneiden. Am oberen Rand mit einem Motivstanzer Sterne lochen. Den Papierstreifen um das Glas kleben. Am unteren Rand eine Spitzenborte anbringen. Ein Teelicht in das Glas setzen.

Feste zu besonderen Anlässen

Doppeltes Blatt

Die Serviette mit der rechten Seite (Sichtseite) nach unten diagonal auf den Tisch legen (die linke Seite mit den Nahtkanten liegt oben) …

… und die untere Hälfte nach oben falten.

Die obere Lage in ca. 1,5 cm breite Ziehharmonikafalten legen und die Serviette wenden.

Die untere Lage – spiegelverkehrt – ebenfalls in Ziehharmonikafalten legen.

Den gefalteten Streifen in die Hand nehmen, die beiden Enden in der Mitte locker übereinanderschlagen …

… und die Faltungen der Blätter auseinanderziehen.

Seerose

Die Serviette mit der rechten Seite (Sichtseite) nach unten diagonal auf den Tisch legen (die linke Seite mit den Nahtkanten liegt oben).

Die vier Ecken jeweils zum Mittelpunkt falten.

Alle vier Ecken ein zweites Mal zum Mittelpunkt falten …

… und die Faltkanten fest nachziehen; anschließend die Serviette wenden.

Nun zum dritten Mal alle vier Ecken zur Mitte falten …

… und die Faltkanten fest nachziehen.

An der Unterseite der Serviette nacheinander die zur Mitte zeigenden Ecken anheben und nach oben und außen aufziehen, bis die Kanten nach oben klappen.

Zum Fixieren ein Glas in die Mitte der Blüte stellen und zuletzt auch die zwischen den Blütenblättern der ersten Runde liegenden Ecken an der Unterseite der Serviette fassen …

… und nach oben ziehen. Die Rundung der Blüte entsteht beim Auseinanderfalten der Ecken ganz von allein. In der Mitte eine frische Blüte oder ein Geschenk platzieren.

Tipp: Bei diesem Modell ist sowohl die Vorder- als auch die Rückseite der Serviette sichtbar. Deshalb am besten beidseitig durchgefärbte Papier- oder Stoffservietten verwenden.

Bonbon

Die Serviette mit der rechten Seite (Sichtseite) nach unten gerade auf den Tisch legen (die linke Seite mit den Nahtkanten liegt oben).

Die Serviette von rechts nach links und anschließend von oben nach unten zusammenfalten.

Einige Süßigkeiten an den unteren Rand legen …

… und die Serviette von unten aufrollen.

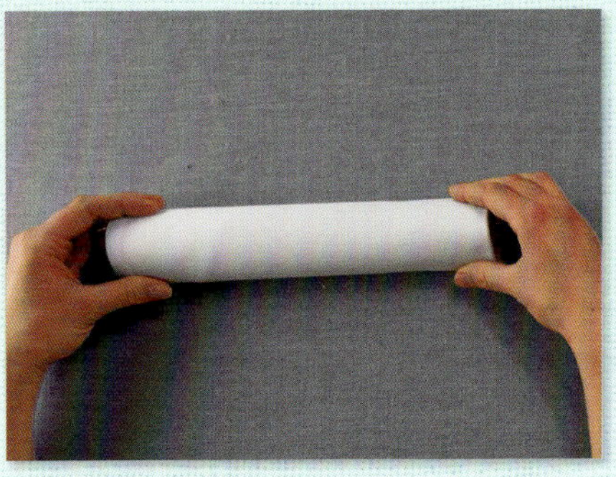

Die Süßigkeiten liegen nun in der Rolle.

Die Rolle an beiden Enden mit einem Stück Band zubinden.

Tipps

Statt Süßigkeiten lassen sich in den Bonbons auch prima kleine Partyutensilien verstecken, zum Beispiel rote Nasen für die Faschingsfeier oder Trillerpfeifen für das Fußballfest. Für dieses Modell am besten bunt bedruckte Papierservietten verwenden.

Fächertüte

Die Serviette mit der rechten Seite (Sichtseite) nach unten gerade auf den Tisch legen (die linke Seite mit den Nahtkanten liegt oben) …

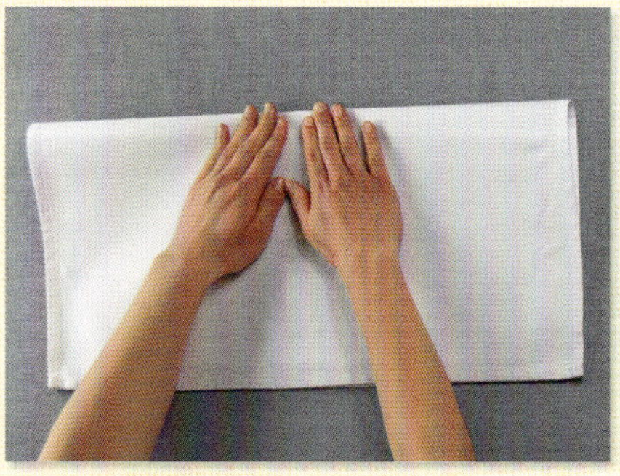

… und die obere Hälfte nach unten falten.

Anschließend die Serviette von links nach rechts zusammenfalten und die Faltkante fest nachziehen.

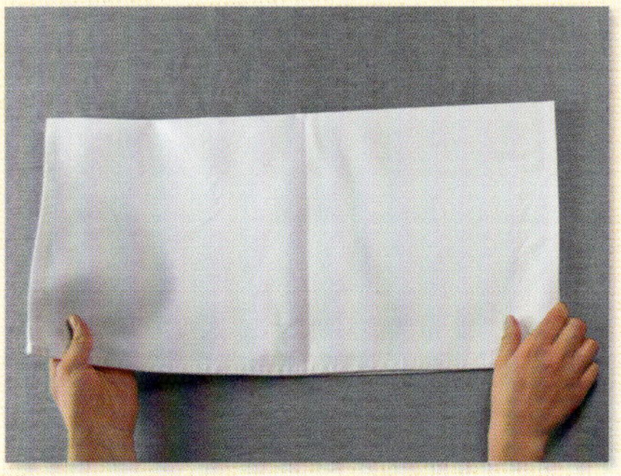

Die Serviette wieder auffalten; anschließend um 90° drehen.

Die untere Hälfte bis zur waagerechten Mittellinie in ca. 1 cm breite Ziehharmonikafalten legen, dabei an der unteren Kante beginnen …

… und in der Mitte die Falten fest zusammendrücken.

Die obere Serviettenhälfte zu einer Tüte rollen.

Zum Fixieren die Serviette unten ca. 3 cm breit umfalten.

Tipp: Die Fächertüte am besten in ein Glas stellen und mit Süßigkeiten füllen.

Schleife

Die Serviette mit der rechten Seite (Sichtseite) nach unten gerade auf den Tisch legen (die linke Seite mit den Nahtkanten liegt oben).

Die ganze Serviette in ca. 1,5 cm breite Ziehharmonikafalten legen, dabei an der unteren Kante beginnen.

Die Falten durch festes Zusammendrücken fixieren.

Die zum Streifen gefaltete Serviette in der Mitte knoten.

Anschließend auf beiden Seiten die Falten auseinanderziehen, so entsteht eine Schleife.

Tipps

Wer dieses Modell aus einer Stoffserviette falten möchte, sollte wegen des Knotens am besten eine dünne oder eine große Stoffserviette verwenden. Den Knoten fest anziehen.

Für festliche Anlässe eine unifarbene Stoffserviette verwenden und ein Blüten- oder Kräuterzweig in den Knoten stecken.

Königsschleppe

Die Serviette mit der rechten Seite (Sichtseite) nach unten diagonal auf den Tisch legen (die linke Seite mit den Nahtkanten liegt oben) …

… und die obere Hälfte nach unten falten.

Die linke obere Spitze zur unteren Spitze falten.

Die rechte obere Spitze ebenfalls zur unteren Spitze falten.

Die oberen Lagen der unteren Ecken, rechts und links, nach oben falten.

Die unteren Lagen der unteren Ecke zur waagerechten Mittellinie falten und die Faltkante fest nachziehen.

Die untere Kante erneut zur waagerechten Mittellinie falten.

Anschließend den eingefalteten Streifen über die waagerechte Mittellinie nach oben falten.

Die Serviette nach hinten zusammenrollen; die rechte und die linke Spitze ineinanderstecken.

Körbchen

Die Serviette mit der rechten Seite (Sichtseite) nach unten gerade auf den Tisch legen (die linke Seite mit den Nahtkanten liegt oben) …

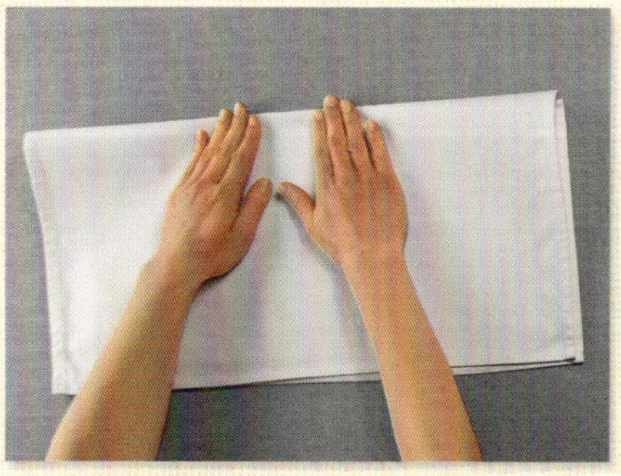

… und die obere Hälfte nach unten falten.

Die rechte untere Ecke zur Mitte der oberen Kante falten.

Die linke obere Ecke zur Mitte der unteren Kante falten.

Die Faltkanten fest nachziehen; anschließend die Serviette wenden und um 90° drehen.

Nun die untere Kante anheben …

… und parallel zur oberen Kante nach oben ziehen, dabei die rückseitige Ecke aufklappen (nicht mitfalten!).

Die Faltkante fest nachziehen.

Die rechte Spitze so nach links falten, dass das linke Dreieck zur Hälfte gefaltet wird.

Die Serviette wenden und die zweite Spitze in gleicher Weise einfalten. Die Serviette um 180° drehen …

… und die Spitzen am unteren Rand vorne und hinten jeweils ineinanderstecken.

Zuletzt das Körbchen in Form ziehen.

Tipps

Das Körbchen mit Brötchen, Süßigkeiten oder Obst füllen. Dieses Modell kann auch aus Papierservietten gefaltet werden. Das Körbchen sieht dann nur etwas kleiner aus als das Modell auf dem Foto, da Papierservietten kleiner als Stoffservietten sind. Aber selbst aus einer Cocktailserviette lässt sich ein Minikörbchen falten – und sogar ein Schokokuss findet darin noch Platz.

Tischlicht

Zwei Quadrate aus Transparentpapier, je 21 x 21 cm, wie die Serviette bis Schritt 8 falten. In die Spitzen eine Blüte oder ein anderes Motiv stanzen. Die beiden Teile ineinanderschieben und mit doppelseitiger Klebefolie fixieren. Ein Teelicht einsetzen.
Die Transparentpapierhülle passt um ein Glas mit einem Durchmesser von 9 cm.

Briefumschlag

Die Serviette mit der rechten Seite (Sichtseite) nach unten diagonal auf den Tisch legen (die linke Seite mit den Nahtkanten liegt oben) …

… und die untere Hälfte nach oben falten.

Die Spitzen, rechts und links außen, jeweils zur Mitte der Unterkante falten.

Die linke Kante zur senkrechten Mittellinie falten.

Die rechte Kante zur senkrechten Mittellinie falten.

Die untere Kante bis zum Beginn der Schrägen nach oben falten.

Die obere Ecke (beide Lagen) nach unten falten.

Tipp: In den Briefumschlag kann ein Brief oder eine kleine Überraschung eingelegt werden.

Stäbchenablage

Die Serviette mit der rechten Seite (Sichtseite) nach unten gerade auf den Tisch legen (die linke Seite mit den Nahtkanten liegt oben).

Die obere Kante zur waagerechten Mittellinie falten. Die untere Kante anheben …

… und ebenfalls zur waagerechten Mittellinie falten; die Faltkanten fest nachziehen.

Anschließend die untere Hälfte nach oben falten.

Die Serviette liegt nun vierfach in einem Streifen. Wichtig: Alle Faltkanten fest nachziehen; am besten kurz bügeln!

Die rechte Seite nach links falten, um die Mitte des Streifens zu markieren; anschließend wieder nach rechts auffalten.

Die rechte Seite des Streifens zur senkrechten Mittellinie nach unten falten.

Die linke Seite des Streifens ebenfalls zur senkrechten Mittellinie nach unten falten und die Faltkanten fest nachziehen.

Den über die Dreieckfläche nach unten überstehenden linken Streifen nun nach oben aufrollen.

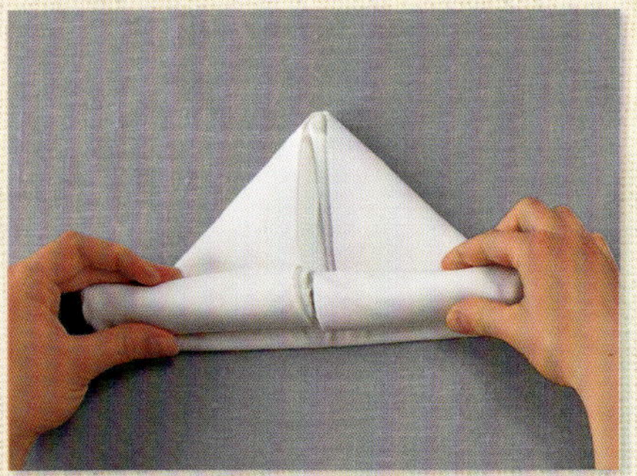

Den rechten überstehenden Streifen ebenso aufrollen; anschließend die Serviette wenden, dabei die aufgerollten Streifen gut festhalten.

Die Rollen liegen nun auf der Rückseite.

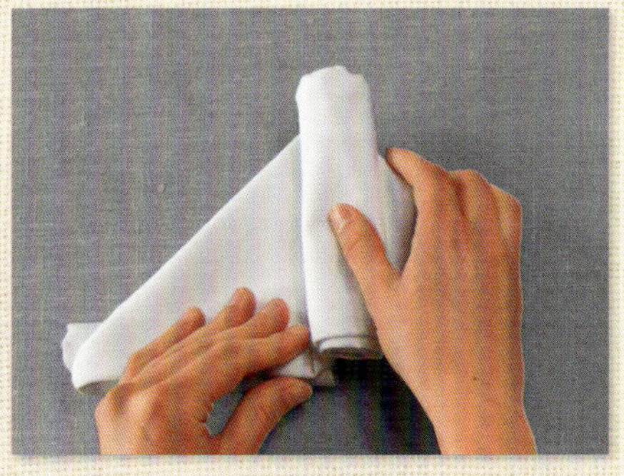

Die rechte Seite des Dreiecks (mit der unteren Rolle) zur senkrechten Mittellinie falten.

Die linke Seite des Dreiecks (mit der unteren Rolle) ebenfalls zur senkrechten Mittellinie falten.

Tipp: Die Rollen oben und unten eventuell jeweils mit einer farblich passenden Büroklammer fixieren.

Vasenkombination

Deko-Idee

Reagenzgläser in verschiedenen Größen mit Dekotape zusammenkleben und mit einer Kordel verzieren. Blumen, Blätter und Gräser passend zuschneiden und in die mit Wasser gefüllten Reagenzgläser stellen. Reagenzgläser gibt es im Hobbyfachhandel.

Wellen

Die Serviette mit der rechten Seite (Sichtseite) nach unten gerade auf den Tisch legen (die linke Seite mit den Nahtkanten liegt oben).

Die obere Hälfte nach unten falten, die Faltkante fest nachziehen; anschließend die Serviette wieder auffalten und …

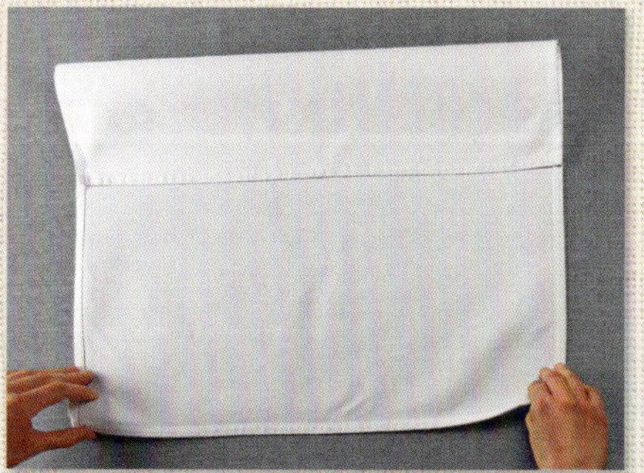

… die obere Kante zur waagerechten Mittellinie einschlagen (nicht falten!).

Die untere Kante ebenfalls zur waagerechten Mittellinie einschlagen; dann die obere Hälfte locker auf die untere legen.

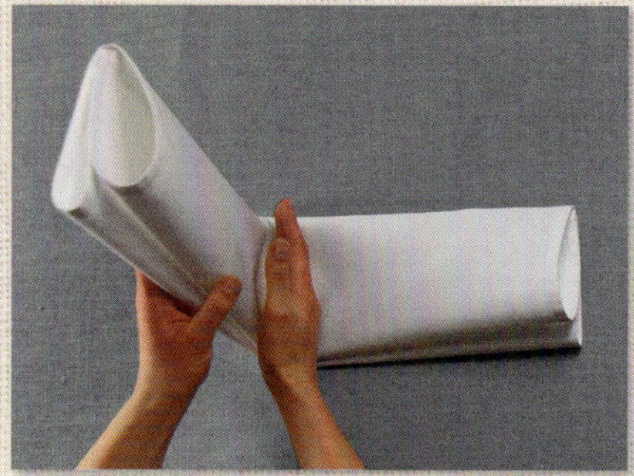

Den Serviettenstreifen locker zur Hälfte zusammenlegen …

… und in Form ziehen.

Tipp: Für eine edlere Variante dieses Modells eine Stoffserviette mit Hohlsaum verwenden.

Rolle mit Ring

Die Serviette mit der rechten Seite (Sichtseite) nach unten gerade auf den Tisch legen (die linke Seite mit den Nahtkanten liegt oben).

Ein Drittel der Serviette von oben nach unten falten, ein Drittel von unten nach oben falten.

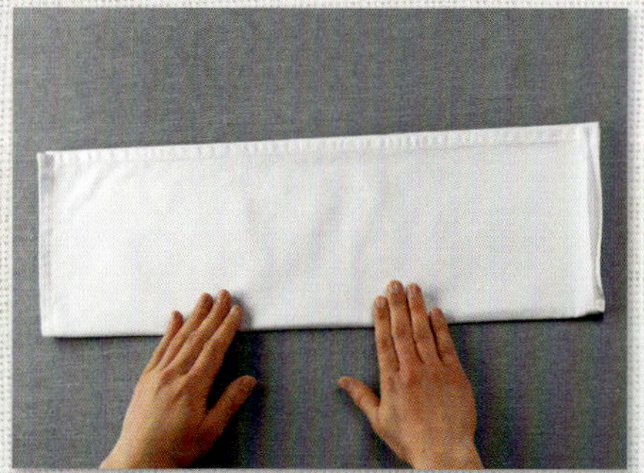

Die Serviette liegt nun dreifach in einem Streifen. Die Faltkanten fest nachziehen.

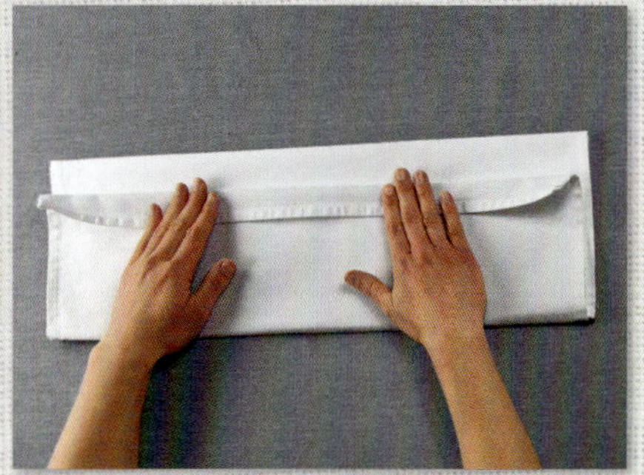

Die obere Lage etwas anheben und einen ca. 1 cm breiten Streifen nach unten falten.

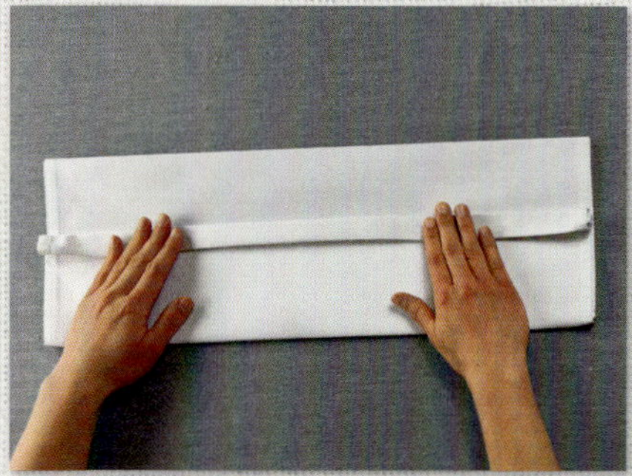

Auf diese Weise den Streifen weiter umfalten, bis der Streifen etwa in der Mitte der Serviette liegt; anschließend die Serviette wenden und um 90° drehen.

Die Serviette nun mit dem schmalen Streifen nach außen aufrollen.

Die Serviettenrolle in Form ziehen. Eventuell mit einer kleinen Sicherheitsnadel fixieren.

Tipp: Bei diesem Modell ist sowohl die Vorder- als auch die Rückseite der Serviette sichtbar. Deshalb am besten beidseitig durchgefärbte Papier- oder Stoffservietten verwenden.

Rolle im Glas

Die Serviette mit der rechten Seite (Sichtseite) nach unten gerade auf den Tisch legen (die linke Seite mit den Nahtkanten liegt oben).

Die obere Hälfte nach unten falten, dann die linke Hälfte auf die rechte falten. Das entstandene Quadrat um 45° drehen, sodass die Ecke mit den vier offenen Lagen nach unten zeigt.

Nun die obere Lage so nach oben falten, dass ein ca. 1 cm breiter Streifen der darunterliegenden Lage sichtbar bleibt.

Alle weiteren Lagen nacheinander in der gleichen Weise nach oben falten, immer mit sichtbarem Rand der darunterliegenden Lage; anschließend die Serviette wenden.

Die linke Seite bis zur senkrechten Mittellinie einrollen.

Die rechte Seite ebenfalls bis zur senkrechten Mittellinie einrollen; anschließend die Serviette wenden …

… und in Form ziehen.

Tipps

Die Serviette am besten in ein Glas setzen oder den unteren Rand in einen Serviettenring stecken und aufstellen. Oder den unteren Rand mit einem Band fixieren.

Bei diesem Modell ist sowohl die Vorder- als auch die Rückseite der Serviette sichtbar. Deshalb am besten beidseitig durchgefärbte Papier- oder Stoffservietten verwenden.

Tüte im Glas

Die Serviette mit der rechten Seite (Sichtseite) nach unten gerade auf den Tisch legen (die linke Seite mit den Nahtkanten liegt oben) …

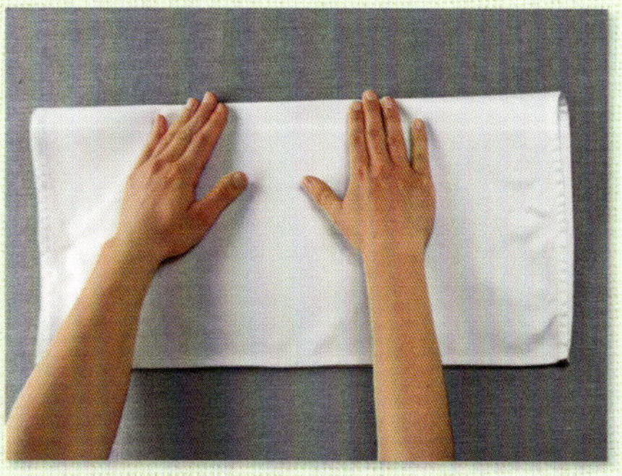

… und die obere Hälfte nach unten falten.

Die linke Seite nach rechts falten, um die senkrechte Mittellinie zu markieren; anschließend wieder nach links auffalten.

Die linke Seite als Tüte aufrollen: von unten …

… nach oben zur senkrechten Mittellinie.

Die rechte Seite von oben nach unten zur senkrechten Mittellinie aufrollen, …

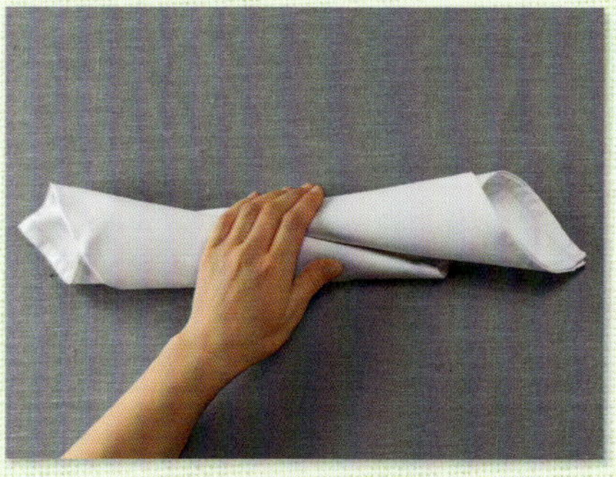

… bis beide Spitztüten gegengleich nebeneinanderliegen. In der Mitte fassen …

… und nach oben zusammenlegen. Dabei eventuell etwas verdrehen, bis beide Spitzen an den Rückseiten der Tüten nach oben weisen.

Tipp: Die Tüte am besten in ein Glas stellen und mit Knabberstangen oder Partydekoration (Fähnchen, Tröten) füllen.

Bestecktasche

Die Serviette mit der rechten Seite (Sichtseite) nach unten gerade auf den Tisch legen (die linke Seite mit den Nahtkanten liegt oben).

Die rechte Hälfte nach links falten, dann die untere Hälfte nach oben falten; die Faltkante fest nachziehen; anschließend die obere Hälfte wieder nach unten auffalten.

Ein Drittel der unteren Hälfte (= ein Sechstel der ganzen Serviette) nach oben falten …

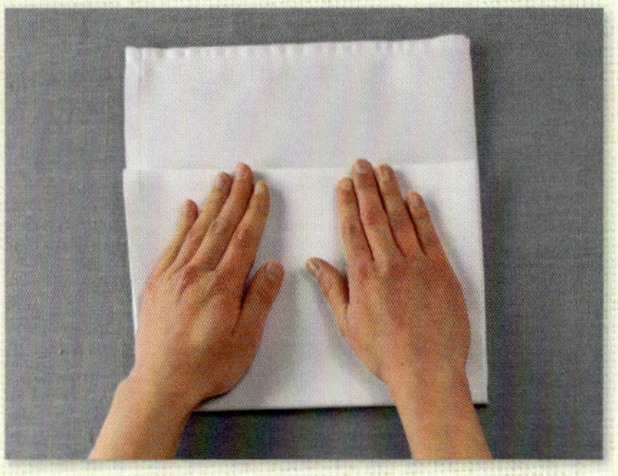

… und dann über die waagerechte Mittellinie wieder nach oben falten, sodass das zuerst gefaltete Drittel nach innen eingefaltet ist; anschließend die Serviette wenden.

Die rechte Kante zur gedachten senkrechten Mittellinie falten.

Die linke Kante ebenfalls zur senkrechten Mittellinie falten; anschließend die Serviette wenden.

Die Bestecktasche etwas in Form ziehen.

Tipp: Wer mag, kann auch kleine Briefchen mit Aufgaben für Partyspiele in der Bestecktasche verstecken.

Servietten nähen

Näht man Stoffservietten selbst, hat man eine sehr große Auswahl an Mustern und Farben und kann außerdem Geld sparen. Bei vielen Faltungen ist sowohl die Vorder- als auch die Rückseite der Serviette sichtbar. Deshalb beim Stoffkauf darauf achten, dass die Muster durchgewebt oder durchgefärbt sind. Sehr schön sind Stoffe mit eingewebten Jaquardmustern.

Umsäumen mit Briefecke

Den Stoff in der gewünschten Serviettengröße, 40 x 40 cm bis 60 x 60 cm, mit 4 cm Saumzugabe zuschneiden. Wer mag, kann natürlich auch einen breiteren Saum arbeiten. Für einige Faltungen ist er aber nicht gut geeignet.

1

Die Kanten zweimal 2 cm breit umbügeln. Den zweiten Umschlag wieder auffalten.

2

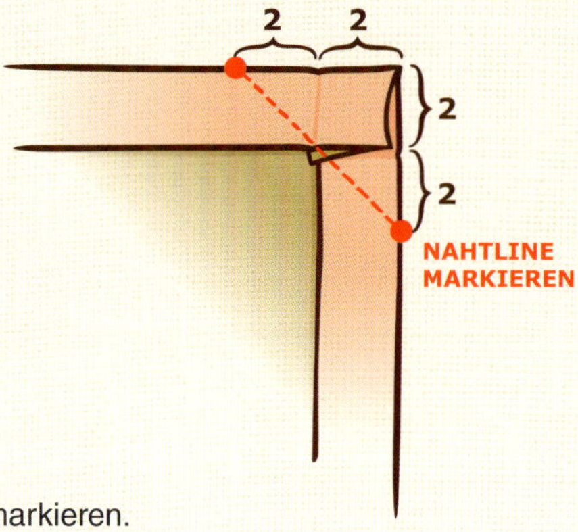

Die Nahtlinie markieren.

3

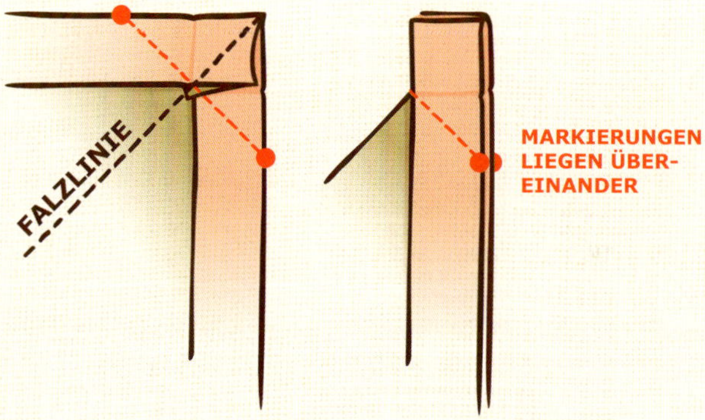

Den Stoff an der Falzlinie diagonal zusammenlegen.

4

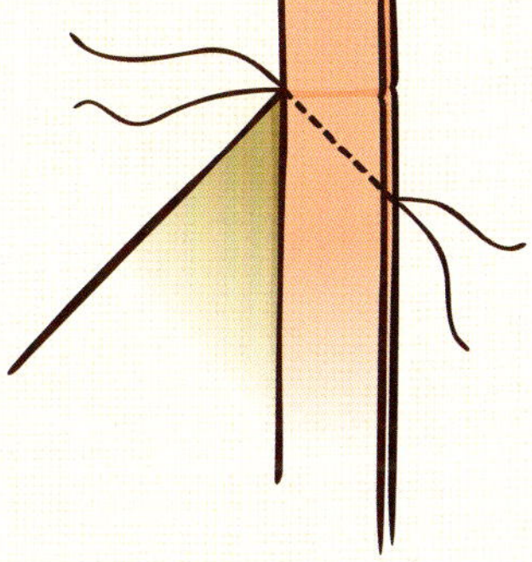

Die Ecke abnähen.

5

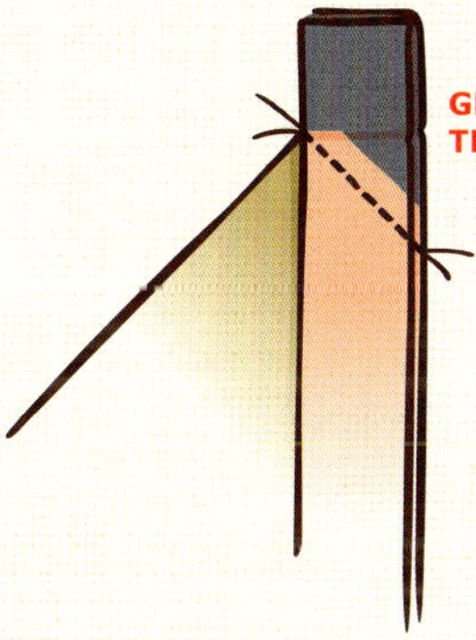

Die grau eingezeichnete Ecke abschneiden.

6

Die Ecke wenden und bügeln.

7

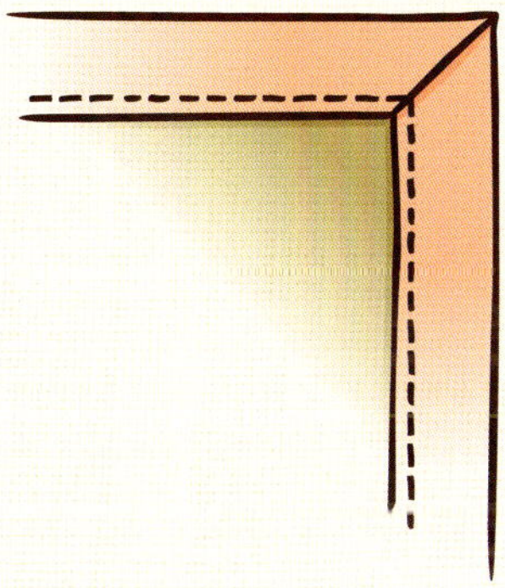

Den Saum absteppen.

Umsäumen mit Hohlsaum

Besonders edel sehen Stoffservietten aus, wenn sie mit einem Hohlsaum umfasst sind. Der Hohlsaum ist eine Durchbruchstickerei, die man mit einer Sticknähmaschine fertigen kann oder von Hand stickt. Das braucht Zeit und ist aufwendig, am Ergebnis wird man aber lange Freude haben. Eine ausführliche Anleitung finden Sie auf unserer Homepage www.christophorus-verlag.de unter „Unsere Bücher" „Service: Vorlagen zu den Büchern".

Impressum

Lektorat und Text Seite 10–15: Gisa Windhüfel, Freiburg
Fotos und Styling: Roland Krieg, Waldkirch
Arbeitsfotos und Zeichnungen: Mareike Grün, Rödermark
Modelle Seite 55, 67 und 71: Marion Dawidowski, Steinhagen
Gesamtgestaltung: GrafikwerkFreiburg
Reproduktion: RTK & SRS mediagroup GmbH
Druck und Verarbeitung: Neografia, Slowakei

ISBN 978-3-8388-3548-8
Art.-Nr. 3548

Autorin und Verlag bedanken sich ganz herzlich für die Bereitstellung der Materialien (Servietten, Tischdecken, Stoffe) und Fotodekoration bei:
- buttinette Textil-Versandhaus GmbH, www.buttinette.de
- Guetermann GmbH, www.guetermann.com
- IHR Ideal Home Range GmbH, www.ihr.eu
- Rayher Hobby GmbH, www.rayher-hobby.de
- Zweigart & Sawitzki GmbH & Co.KG, www.zweigart.de